일반화된 마르크스주의와 대안노조

공감이론신서 32

일반화된 마르크스주의와 대안노조

윤소영 지음

과천연구실 세미나 34

공감

공감이론신서 32
일반화된 마르크스주의와 대안노조
윤소영 지음
과천연구실 세미나 34

초판인쇄일 2008년 6월 25일
초판발행일 2008년 6월 30일

도서출판 공감
발행인 이 범 수
출판등록 22-1006 (1996. 5. 14.)
서울시 마포구 망원2동 436-40 플러스타운 101-1호
전화 323-8124 / 팩스 323-8216
전자우편 alba21@naver.com

ISBN 978-89-86939-36-1 03320
값 7,000원

서 문

무지는 논변이 아니다. — 스피노자

무지는 방종·범죄다. — 마르크스

이번에 출판되는 『일반화된 마르크스주의와 대안노조』는 지난번의 『일반화된 마르크스주의와 대안좌파』처럼 일반화된 마르크스주의의 쟁점 또는 경계로서 정세 분석을 주제로 하는 연구노트다. 연구노트의 요지는 「민주노총의 위기와 '6·10 촛불항쟁'」에서 제시되고, 그 논거는 「마르크스의 임금론과 사회운동노조」에서 제시된다. 번역 논문인 피터 워터먼의 「대안노조의 모델로서 사회운동노조 개념」(1993)은 「마르크스의 임금론과 사회운동노조」를 보완하려는 참고자료다.

아울러 공개서한 「사회진보연대 활동가 여러분께」는 『일반화된 마르크스주의와 대안좌파』의 사회진보연대 비판을 둘러싼 논란에 대해 해명하는 과천연구실의 입장인데, 사회진보연대의 답변은 6월 19일에 홈페이지 '이슈·성명'난(http://www.pssp.org/main/issue.php)에 게재되었다.

2008. 6.

윤 소 영

차 례

민주노총의 위기와 '6·10 촛불항쟁'

> [바쿠닌 같은] 사람들은 우리가 여기서 만사를 지휘한다고까지 상상하고 있지만, 그러나 자네도 나만큼이나 잘 알고 있듯이, 우리는 당내 사건에는 거의 조금도 개입한 적이 없었으며, 또 개입했다고 해도 단지 우리가 볼 때 부쩍 커버린 실책, 더 정확하게 말하자면 [라살주의에 대한 '정신적 패배' 같은] 이론적 실책만을 가능한 한도 내에서 정정하기 위한 것이었다네.
>
> — 엥겔스가 베벨에게 보낸 편지 (1875. 3. 18./28.)

1994년에 출범한 과천연구실은 마르크스주의의 위기를 인식하면서 마르크스주의의 일반화를 시도한다는 중장기적 과제를 설정한 바 있다. 이런 과제 설정은 1992년 학술단체협의회(학단협) 전문심포지움에서 제시된 비판, 즉 마르크스주의의 위기를 부정하는 나르시소스적 교조주의·종파주의, 마르크스주의의 위기에 대해 마르크스주의의 수정으로 대응하는 청산주의적 실용주의, 나아가 마르크스주의의 위기를 인식하지 못한 채 단지 체험할 따름인 모종의 활동가주의에 대한 비판에서 유래하는 것이다.1)

그러나 과학과 이데올로기로서 마르크스주의를 쇄신하려는 과천

1) 윤소영, 「한국에서 '마르크스주의의 위기'와 한국사회성격 논쟁」(1992), 『역사적 마르크스주의: 이념과 운동』, 공감, 2004. 또 과천연구실 창립 콜로키움에서 발표된 윤소영, 「'피디의 진실': 또는 어떤 아픈 사랑의 꿈에 대한 해석」(1994), 같은 책도 참조하시오.

연구실의 노력과 평행하여 노조와 정당을 사회운동적으로 개조하려는 시도는 발견되지 않는다. 오히려 1997-98년 경제위기·외환위기 이후 노동자운동의 위기가 전개되는데, 이는 민주노총의 만성화된 위기와 2007-08년 민주노동당의 분열로 실현된다. 지난번에 발표된 연구노트 『일반화된 마르크스주의와 대안좌파』와 그 후속작인 『일반화된 마르크스주의와 대안노조』는 이런 상황에 대해 초정파적 '의견그룹'으로서 과천연구실의 입장을 제시하려는 것이다.[2)]

과천연구실은 노동자운동의 '정세적 조직형태'로서 정당과 달리 노동자연합과 노조는 '원칙적 조직형태'라고 인식한다. 노동자연합의 역사적으로 특수한 형태로서 협동조합·평의회에 대해서는 『역사적 마르크스주의』에서 이미 충분히 설명한 바 있기 때문에, 『일반화된 마르크스주의와 대안노조』에서는 주로 노조에 대해 연구한다. 우선 국제노동자연합(제1 인터내셔널)과 관련되는 마르크스의 텍스트, 특히 총평의회에서의 강연 원고 「임금, 가격, 이윤」(1865)에서 제시되는 노조론이 『자본』(1867)의 임노동론, 특히 임금률 분석에 의해 증명된다는 결론이 도출된다. 나아가 볼셰비키정당에 종속된 노조('전달벨트')를 개혁하려는 대안노조의 모델이 사회운동노조로 개념화될 수 있다는 결론도 도출된다.[3)]

사실 과천연구실은 1995년 민주노총이 건설되기 직전에 사회운동노조 개념을 소개하면서 노동자운동에서 인권의 정치라는 문제를 제기한 바 있다. 동시에 당시 합법정당론에서 모델로 설정된 브

---

2) 연구자·활동가네트워크가 아니라 의견그룹으로서 과천연구실의 위상과 성격은 제사(題詞)로 인용된 엥겔스의 편지에서 발리바르가 도출하는 이론과 정치의 '두 개의 [분리된] 중심'이라는 테제에 근거하는 것이다. 윤소영, 『역사적 마르크스주의』, 같은 책.

3) 정세적 조직형태로서 정당이라는 알튀세르와 발리바르의 테제는 국제노동자연합 시기 마르크스의 테제로 소급되는 것이다. John Moses, *Trade Union Theory from Marx to Walesa*, Berg, 1990. 발리바르의 지적대로 이런 정당은 '의식[정치이념·정치문화]으로서 정당'이 아니라 '조직으로서 정당'인데, 여기서 조직이 수직적 위계제인가 수평적 네트워크인가는 별로 중요한 문제가 아니다. 윤소영, 『역사적 마르크스주의』, 같은 책.

라질 노동자당(PT)이 노동자운동과 해방신학운동을 결합하는 사회운동정당임을 지적하기도 했다.[4] 나아가 민주노총 국민파와 중앙파·현장파의 수렴이 완료되는 2003년에는 사회운동노조와 정당의 사례로서 이탈리아의 평의회노조와 공산주의재건당(PRC)의 경험을 소개하면서 사회운동적 마르크스주의의 재건을 제안한 바 있다.[5] 그러나 이런 제안은 거의 주목받지 못했는데, 이는 본질적으로 마르크스주의의 일반화에 대한 몰인식에서 기인하는 것이다.[6]

『일반화된 마르크스주의와 대안노조』는 1993년에 워터먼이 제시한 대안노조의 모델로서 사회운동노조 개념으로 되돌아가 이후의 논쟁사를 복원한다. 즉 1997-99년 무디와의 논쟁을 계기로 하는 워터먼 자신의 전환, 이후 트로츠키주의자 및 '개방적 마르크스주의자'의 비판, 특히 매더스의 비판(이른바 '사회변혁적 노동운동론')을 검토한다. 나아가 1995년에 스위니가 총재로 선출된 이후 미국노총(AFL-CIO)이 지향하는 사회운동노조를 시민권운동노조로 개념화하는 존스턴의 시도를 검토한다.

동시에 『일반화된 마르크스주의와 대안노조』는 워터먼의 동료인 바야트가 평의회의 전통에서 사회운동노조를 인식하는 데 주목하면서 이탈리아제1노총(CGIL)이 사회운동노조의 사례임을 강조한다. 『역사적 마르크스주의』에서도 이미 지적한 것처럼, 1969년 '뜨거운 가을'에 출현한 평의회노조가 1980년대 이후 신자유주의적 정책개혁을 비판하면서 또 1999년 이후에는 대안세계화운동과 결합하면서 사회운동노조로 변모를 시도하고 있기 때문이다. 여기서는 특히 이런 시도를 대표하는 제1노총 좌파 '노조답자'(Essere sindacato)와 그 토대인 제1노총금속연맹(FIOM)에 주목한다.

이탈리아제1노총의 경험은 노조의 초민족화와 관련해서도 중요하다. 이탈리아제1노총이 유럽노조연맹(ETUC)을 추동하여 노동3

4) 윤소영, 『알튀세르를 위한 강의: '마르크스주의의 일반화'를 위하여』, 공감, 1996.
5) 윤소영, 『역사적 마르크스주의』, 위의 책.
6) 윤소영, 『일반화된 마르크스주의 개론』, 공감, 2006.

권을 초민족화하는 동시에 그 조건으로서 '초민족적 케인즈주의'를 통한 경제정책의 역전을 요구하는 것이다. 나아가 유럽노조연맹은 2000-02년 니스조약에서 선언된 '기본권헌장'의 관점에서 2003-05년 유럽연합헌법조약을 비판하고, 또 2007-08년 '미니 헌법조약'도 비판한다. [참고로, 일사천리로 의회에서 비준되던 미니 헌법조약은 6월 12일에 유일하게 국민투표를 실시한 아일랜드에서 부결된다.] 아울러 미국노총이 '사회조항'의 관점에서 '대안자유무역협정'이라는 쟁점을 제기한다는 사실에 주목할 필요가 있다.

이탈리아제1노총, 특히 금속연맹의 경험을 통해 사회운동과 노사정 협상, 좀 더 일반적으로 말해서 투쟁과 제도의 결합 또는 발리바르 식으로 말하자면 봉기와 구성의 결합이라는 문제를 사고할 수도 있을 것이다. 이는 『일반화된 마르크스주의와 대안좌파』에서 주목한 바 있는 공산주의재건당의 공동정부 구성에 대한 평가와도 관련된다.[7] 공산주의재건당과 금속연맹은 공동정부 구성과 노사정 협상을 '원칙의 문제'가 아니라 '정세의 문제'로 인식한다는 데 주목할 필요가 있다.[8]

---

7) 베를루스코니가 3차 집권에 성공한 이번 4월 총선에서 무지개좌파연합은 의석 확보에 실패하는데, 이는 특히 북부공업지대에서 인민주의적 북부동맹이 약진하여 공산주의재건당을 압도한 때문이다. 그 결과 이탈리아공산주의자당과 녹색연맹이 2007년 12월에 결성된 무지개좌파연합에서 이탈하고, 공산주의재건당과 좌파민주당 좌파는 다원좌파연합을 구성한다. 또 베르티노티가 정계에서 은퇴하고 조르다노가 총서기에서 사임함에 따라 일찍부터 베르티노티의 후계자로 물망에 오른 바 있는 벤돌라가 7월의 7차 당대회에서 신임 총서기로 선출되어 다원좌파연합을 통한 대안좌파 건설이라는 과제, 즉 2007년 6월의 구상대로 이탈리아유럽좌파당을 건설한다는 과제를 승계할 것으로 예상된다.

8) 여기서 사회진보연대의 일부 활동가를 혼란에 빠트리고 있는 '국가 외부의 정당'이라는 알튀세르의 테제에 대한 오해를 불식해두자. 발리바르는 알튀세르와 자신이 지지한 바 있는 이런 레닌주의적 테제에 대한 풀란차스의 그람시주의적 비판을 일부 수용하면서 마르크스의 국가소멸론을 재구성하려고 시도한다. 즉 대항폭력과 이중권력에 의해 외부로부터 국가를 소멸시키는 것이 아니라 인권의 정치와 국가의 민주화에 의해 내부로부터 국가를 소멸시켜야 한다는 것인데, 이를 위해 그는 제도·구성이라는 의미에서 국가 형태를 '경제의 현실적 구조와 이데올로기의 상징

대안노조로서 사회운동노조의 개념과 현실에 대한 이런 연구는 1997-98년 경제위기·외환위기 이후에 전개되는 민주노총의 위기를 둘러싼 논쟁과 직결된다. 1985-87년 이후 남한 노동자운동이 추구해온 노동법 개정투쟁과 노사정 협상이라는 '제도를 통한 대장정'이 결국 민주노총의 위기로 귀결되기 때문이다. 이런 위기를 상징하는 사건이 바로 민주노총 국민파에 의한 1998년 정리해고제·파견근로제 합의, 나아가 중앙파·현장파에 의한 2003년 변형근로제 합의인 것이다. 1988-89년 노동법 개정투쟁의 성과물인 44시간 노동주에 대응하여 1990년부터 자본가단체가 요구해온 이른바 '3제'에 합의함으로써 노동의 신축화가 완성된다.[9)]

그러나 민주노총의 위기를 해결할 수 있는 전망으로서 사회운동노조를 둘러싼 국민파와 중앙파·현장파 사이의 논쟁에는 이론적으로도 경험적으로도 너무나 오류가 많은 실정이다. 이 때문에 『일반화된 마르크스주의와 대안노조』는 국민파와 친화성을 갖는 바카로에게 주목하면서 그에 대한 비판을 시도한다. 이탈리아제1노총과 민주노총에 대한 비교·연구에서 그는 재벌 노조와 민주노총 중앙파·현장파를 약화시킬 수 있는 전략을 제시한다. 즉 노동자간 경쟁을 활용하기 위해 2006년까지 유예된 (현재 2009년으로 다시 연기된) 기업별 복수노조를 통해 하청노동자를 조직하고, 나아가 비정규직 노동자를 조직하라는 것이다. 또 '노조 민주화'라는 구실로 일반노조원의 직접투표제(referendum)를 통해 활동가로 구성되는 대

적·가상적 구조의 정세적 결합'으로 정의하고, 인권의 정치에 의해 추동되는 국가의 민주화를 국가 형태로서 제도·구성의 정세적 변화로 정의한다. Etienne Balibar, "Communisme et citoyenneté: Réflexions sur la politique d'émancipation à partir de Nicos Poulantzas"(1999), *Actuel Marx*, no. 40, 2006. 발리바르의 이런 시도에 대한 논평은 윤소영, 「알튀세르를 어떻게 읽을 것인가? (재론)」의 보론인 '재생산과 이행의 토픽', 『일반화된 마르크스주의의 쟁점들』, 공감, 2007을 참조하시오.

9) 이런 관점에서 볼 때 2005년 민주노총 대의원대회의 폭력 사태나 민주노총 간부의 부정·비리에 대한 기획 수사는 민주노총의 위기의 원인이라기보다는 오히려 그 결과라고 해야 할 것이다.

의원대회를 무력화할 수 있다는 것이다.

이런 전략을 비판하면서 민주노총을 강화하기 위해서는 단지 산업별 연맹을 건설하는 것만으로는 부족하고, 독일과 달리 이탈리아처럼 노총에게 중앙교섭권을 부여해야 함을 강조할 필요가 있다. 이럴 경우에만 연대임금(정액임금인상제)을 통해 원청노동자와 하청노동자간 경쟁, 나아가 정규직과 비정규직간 경쟁을 특징짓는 임금 격차를 축소할 수 있기 때문이다. 중앙교섭권을 통해 민주노총을 강화하기 위해서는 재벌 노조가 사회운동노조로 개혁되어야 함은 물론이다. 반면 민주노총의 주장처럼 노동시간 단축과 일자리 나누기를 통해 비정규직을 정규직화할 수 있다는 가설은 이론적으로도 경험적으로도 근거가 없는 낭설일 따름이다.[10)]

참고로, 바카로는 공공부문 노조에 대해서는 별로 주목하지 않는데, 이는 이탈리아의 경험에서 그대로 드러난 바 있는 그 기회주의적 속성 때문이다. 이른바 '사회공공성' 투쟁과 관련하여 최근 남한에서도 주목받고 있는 것이 프랑스의 쉬드(연대·통일·민주)다. 쉬드와 본질적으로 동일한 성격인 이탈리아의 코바스(기층위원회)는 1983년부터 시작된 파시스트적 국가지주회사의 사유화로 인한 민간부문과의 임금 격차의 축소에 반대하여 1987년에 결성되는 독립

10) 사회진보연대와 노동자의힘이 공동으로 운영하는 전국불안정노동철폐연대의 비정규직에 대한 인식은 이론적으로도 경험적으로도 오류일 따름이다. 철폐연대, 『신자유주의에 맞서는 노동운동: 불안정노동 철폐를 위하여』, 사회운동, 2005. 1997-98년 경제위기·외환위기 이후 비정규직이 증가하는 가장 중요한 이유는 정규직이 감소하기 때문이 아니라 마르크스의 임금률 분석에서 쉽게 예상할 수 있듯이 상대적 과잉인구로서 가내노동자(정체적 과잉인구)와 자영업자(잠재적 과잉인구)가 비정규직으로 전환하여 임금노동자의 수가 증가하기 때문이다. 또 남한자본주의에서 비정규직의 비율은 1970년대에는 40-50% 수준에서 변동하다가 1980년대 전반 30%까지 하락하지만 1986-88년 '3저 호황' 이후에는 다시 40-50% 수준에서 변동하다가 1997-98년 경제위기·외환위기 이후 55% 수준에서 안정화된다. 참고로, 실업률은 1970년대 4% 내외에서 3저 호황 이후에는 2%까지 하락하지만 경제위기·외환위기 이후 7%까지 상승하다가 이후에는 3% 수준에서 안정화된다. 김유선, 『한국의 노동 2007』, 한국노동사회연구소, 2007.

노조다. 전투적 코퍼러티즘을 표방하는 코바스는 평의회노조의 상징인 연동제(정액임금인상제)를 비판하면서 제1노총의 중앙교섭권을 거부한다. 남한의 공공부문 노조가 코바스나 쉬드와 달리 독립노조를 조직하는 것이 아니라 노총에 소속되어 있는 것이 본질적으로 사회운동노조적인 성격 때문인지 아닌지는 노총에게 중앙교섭권을 부여함으로써 연대임금을 실현하자는 제안에 대한 찬반으로 판가름 날 것이다.[11)]

그러나 중앙교섭권·연대임금을 통해 민주노총을 강화하자는 이런 제안이 얼마나 적합한지에 대한 평가를 떠나, 현재의 정세에 대해 결코 낙관할 수만은 없다. 인민주의적 반(反)정치의 위험, 게다가 대중을 특징짓는 '감정의 양가성과 정신의 동요'(스피노자)에 주목할 필요가 있는 것은 이 때문이다. 2007년 12월 대선(경제를 살리는 7·4·7공약)과 2008년 4월 총선(강북뉴타운·재개발공약)에서 드러난 민심이 5-6월 촛불집회(2MB·쥐박이)의 저항으로 반전되는 것을 달리 설명할 도리는 없을 것이다.[12)]

---

11) 사회공공성 투쟁이 공공부문 노조가 사회운동노조이기 때문이라는 주장(실은 부당전제)에 대해서는 권혜원, 「한국의 사회운동적 노동운동의 과거와 현재」(2005), http://blog.naver.com/fallsky77/70022488812를 참조하시오.

12) 역대 최저 투표율 46.1%를 기록한 이번 총선에서 민주노동당의 정당득표율은 5.7%로 반 토막 난다. 그나마 친박근혜 세력의 이방호 의원 낙선운동에 힘입어 강기갑 의원이 경남 사천에서 당선된 것이 불행 중 다행일 것이다. 반면 '민생정치'와 환경·소비자문제를 중점적으로 제기하면서 연예인까지 동원하여 선거정치에 진력한 진보신당은 노회찬·심상정 의원이 수도권에서 석패한 데다가 정당득표율이 3%에 0.02% 포인트 미달하여 원내 진입에 실패한다. 게다가 민주노동당 탈당파 중 단병호 위원장을 중심으로 하는 노동자정당건설추진위원회(노건추)는 아직도 진보신당에 합류하지 않고 있다. 분당 및 선거 과정에서의 앙금은 별도로 하더라도, 민주노총·전농을 토대로 당 내부를 강화하려는 민주노동당과 환경·소비자단체로 당 외연을 확대하려는 진보신당의 정치·조직노선의 차이로 인해 진보대연합 구상은 당분간 무망할 것 같다. 이런 상황에서 오세철 선생을 중심으로 전위당 건설을 표방하는 사회주의노동자연합은 노동자의힘과 선명성 경쟁에 돌입하고 있는데, 스탈린주의자와 트로츠키주의자의 공통점은 역시 '유성생식'이 아니라 '분열생식'(실은 축소재생산)인 모양이다.

'아직 16살이에요', 그래서 '미친 소는 싫어요'라는 여중고생의 항의에서 시작하여 결국 쇠고기 수입 개방 재협상을 요구하는 '6·10 촛불항쟁'으로 귀결되는 촛불집회의 쟁점을 검토하기 위해 먼저 쇠고기 협상의 경과를 정리해두자.

2001년 초 김대중 정부가 쇠고기 수입을 개방한 직후에 유럽 전역에서 광우병 파동이 발생한다. 이어서 2003년 말 미국에서도 광우병으로 의심되는 소가 발견되면서 노무현 정부는 쇠고기 수입을 중단한다. 그러나 2006년 6월 한·미자유무역협정 공식협상이 개시되면서 노 대통령은 쇠고기 수입 개방을 포함하는 이른바 '4대 선결조건'을 수용할 것임을 선언한다. 또 2007년 4월 협상이 타결되자 쇠고기 수입을 '합리적 수준'에서 개방할 것이라는 특별담화를 발표한다. 그러나 12월 대선에서 여당이 참패한 직후 경제참모들의 건의를 묵살하고 임기내 협상 타결을 거부한다. 이에 따라 한·미자유무역협정 비준과 쇠고기 협상 타결이라는 과제가 이명박 정부로 인수·인계되는 것이다. 2007년 8월에 시작된 미국의 금융위기가 경기침체로 발전할 가능성이 높다고 판단한 이명박 정부는 2008년 4월 총선에서 압승을 거둔 직후에 개최된 한·미정상회담에서 한·미자유무역협정 조기 비준과 쇠고기 협상 타결을 교환한다.

쇠고기 재협상을 요구하는 5-6월 촛불집회가 제기하는 몇 가지 쟁점은 무척 '기이한' 것이다. 우선 유럽과 비교해서 미국의 검역제도가 미비하다는 사실이 '미국 소, 미친 소'라는 주장과 '뇌 송송, 구멍 탁'이라는 구호의 근거가 될 수는 없다. 만일 그런 주장과 구호가 진실이라면, 광우병 위험에 대해 미국에서도 이미 거대한 저항이 발생했을 것이다. 반면 우리는 아직까지 국제수역사무국(OIE)에서 미국 같은 광우병 통제국 등급조차 부여받지 못하고 있는 실정이다. 쇠고기가 먹거리이기 때문에 민감한 문제라는 것도 촛불집회의 근거로는 부족한데, 이미 광범위하게 보급된 유전자변형식품(GMO)에 반대하는 촛불집회가 열린 적은 없기 때문이다. 특정위험물질(SRM)을 선호하는 우리의 식습관이 오히려 문제라는 지적에 대한 반응도 과도하다. 우리와 식습관이 비슷한 스코틀랜드가 잉글랜드에 비해 발병율이 높다는 것은 사실이기 때문이다. 반면 우리 유전자(MM)의 발병율이 높다는 사실은 강조된다.

마지막으로, 광우병이 인간에게 감염될 확률이 로또 복권에 당첨되는 동시에 벼락에 맞아죽을 확률만큼 낮다는 주장에 대해 '계산·예측이 가능한 위험에 대한 예방'(prevention)이 아니라 '계산·예측이 불가능한 위험에 대한 예방'(precaution)의 원칙, 나아가 건강에 대한 권리를 제시하면서도, 촛불집회가 시작된 5월에 수도권을 비롯해서 전국적으로 확산된 바 있는 조류독감(AI), 그것도 가장 위험하다는 변종 바이러스(H5N1)의 토착화 가능성에 대해서는 동일한 원칙과 권리를 제기한 적이 없다. 알다시피 2000년대에 이미 중국과 동남아시아에서 감염자가 발생한 조류독감은 1918년에 전세계에서 유행하여 수천 만 명이 사망한 바 있는 스페인독감이 변이된 것으로 추정된다.[13)]

촛불집회에서 네트워크로 소통·연대하는 새로운 '대중지성'(네그리), 네티즌이 주체가 되는 새로운 시민운동의 가능성을 발견하기 이전에, 혹시 다윗과 불레셋을 구별할 수 없는 '기이한 규칙'에 호소하는 '테코파주의'(베르티노티)가 확산되는 것은 아닐까 의심해볼 필요가 있는 것은 이 때문이다. '과학적 속물주의'에 반대하는 '황빠'식의 데마고기가 오히려 설득력을 갖는 상황에서는 더더욱 그렇다.

쇠고기 재협상론은 노무현 정부가 고수하던 기준에 따라 월령 30개월 미만의 살코기로 수입을 제한하자는 것인데, 바로 이런 제한적 개방론 때문에 한·미자유무역협정이 양국에서 비준되지 못한 것이다.[14)] 따라서 쇠고기 재협상이 한·미자유무역협정 재협상으로

---

13) 19세기 말에 발견된 바이러스에 의한 감염성 질병이 페스트·콜레라 같은 박테리아에 의한 감염성 질병보다 훨씬 난치병인 것은 바이러스가 박테리아 같은 단세포생물이 아니라 핵산과 단백질만으로 구성되는 반(半)생물이기 때문이다. 참고로, 광우병의 원인이 핵산조차 없는 단백질인 무생물 '프리온'이라는 것은 아직 논란의 여지가 있다.

14) 남한처럼 일본과 중국 사이에서 '샌드위치'가 된 인도네시아·말레이시아·대만은 완전 개방에 이미 합의했거나 합의를 도출하고 있는 중이다.

귀결될 수도 있는데, 비준반대운동의 세력이 거의 소멸된 상황에서는 '사회조항'을 요구하는 대안자유무역협정커녕 4대 선결조건 중 하나인 자동차 배기가스 조항에 대한 양보로 인해 그나마 자유무역협정의 경제성장·고용창출 효과가 반감될 가능성이 클 것이다. 비극은 희극으로 반복된다는 마르크스의 경구에 따라 '6·10 촛불항쟁'이 또 다른 '6·29[속이구] 항복선언'으로 귀결될 수도 있다는 우려는 바로 이런 가능성 때문에 제기되는 것이다.15)

2008. 6. 10.

15) 이명박 정부 퇴진이라는 '환상적'인 요구는 그렇다 치더라도, 공기업 민영화 반대, 교육 자율화 반대, 보건의료 영리화 반대 같은 '생활상의' 요구조차 일반화되지 못하고 있는 촛불집회의 실정을 고려할 때, 이런 우려를 기우라고 단정할 수만은 없을 것이다. 참고로, 촛불집회가 전개되는 현정세의 또 다른 '역설'은 세계적인 금융위기에 동반되는 에너지·식량위기라고 할 수 있다. Minqi Li, "Capitalism with Zero Profit Rate?: Limits to Growth and the Law of the Tendency for the Rate of Profit to Fall", 2007; "Energy, Food, Climate Change, and the Rise of China: Scenarios of Global Crisis", 2007, http://www.econ.utah.edu/ 참조.

마르크스의 임금론과 사회운동노조

마르크스의 임금론과 노조론

노동자운동과 노조에 대한 이론적 근거로서 마르크스의 임노동론에 주목하는 라피데스는 특히 임금론을 중심으로 경제학설사를 개관하면서 마르크스의 '경제학 비판'의 형성 과정을 설명한다.[1)]

임금론과 노조론의 형성 과정

『1844년 원고』에서 마르크스는 스미스를 원용하는데, 다만 스미스적 평형상태에서도 빈곤이 존재한다고 주장한다. 슐츠를 따라 빈곤을 절대적 빈곤과 상대적 빈곤으로 분류할 때, 전자와 달리 후자는 소멸하지 않는다는 것이다. 게다가 마르크스는 프루동과 마찬가지로 임금, 더 정확하게 말하자면 1인당 임금으로서 임금률의 인상

---

1) Kenneth Lapides, *Marx's Wage Theory in Historical Perspective: Its Origins, Development, and Interpretation*, Praeger, 1998; 2nd ed. (with Appendix on Michael Lebowitz), Wheatmark, 2008. 일반적인 맥락에서 경제학설사에 대한 개관과 경제학 비판의 형성 과정에 대한 설명은 윤소영, 「마르크스의 '경제학 비판'과 경제학설사」, 『일반화된 마르크스주의와 대안좌파』, 공감, 2008을 참조하시오.

을 목적으로 하는 노조의 경제투쟁을 비판하는데, 다만 프루동과 달리 '평등한 임금' 개념은 비판한다.

마르크스의 임금론의 형성에서 중요한 계기는 역시 엥겔스가 제공한다. 1845년에 출판된 『영국 노동자계급의 상태』에서 엥겔스는 맬서스의 '과잉인구' 개념을 '노동자 예비군', 즉 실업자 개념으로 대체함으로써 임금론을 인구론이 아니라 고용론과 처음으로 연결시킨다. 나아가 그는 노동자간 경쟁, 특히 취업자와 실업자간 경쟁으로 인한 임금률의 하락을 저지하는 것이 노조의 경제투쟁임을 강조하는데, 물론 당시의 상황을 반영하여 이런 투쟁의 한계에 대해서도 주목한다.

1847년의 『철학의 빈곤』에서 마르크스는 리카도를 원용하여 프루동을 비판하지만, 그러나 아직 리카도를 비판하지는 못한다. 마르크스가 『영국 노동자계급의 상태』에서 제시된 엥겔스의 임금론을 수용하는 것은 1847년에 독일노동자협회에서 한 강연 「임금」을 발전시켜 1849년에 『신라인신문』에 연재한 논문 「임노동과 자본」에서다. 여기서 그는 절대적 빈곤과 상대적 빈곤을 각각 사용가치로 측정되는 생활수준 또는 실질임금의 하락과 가치로 측정되는 상대임금 또는 임금분배율의 하락으로 정의하기도 한다.

마르크스가 리카도를 처음으로 비판하는 것은 『1850-53년 런던 노트』에서다. 『1857-58년 원고』에서 그는 노동력가치 개념을 발견하고, 리카도가 강조하는 실질임금의 '역사적·도덕적 요소'를 노동력가치의 '역사적·도덕적 요소' 개념으로 발전시킨다. 그는 『1861-63년 원고』에서 임금률에 대한 설명을 처음으로 제시하고, 나아가 『1863-65년 원고』에서는 임금률의 하락을 저지하는 노조의 역할에 대해 설명한다. 그러나 그는 '평등한 임금'을 또다시 비판하면서 부문간 임금률 격차와 달리 부문내 임금률 격차는 해소되지 않는다고 주장한다.

『자본』의 임금론[2)]

마르크스가 임금론을 완성하는 것은 물론 『자본』에서다. 1권에서 그는 절대적 잉여가치의 생산과 상대적 잉여가치의 생산의 결합을 설명하기 위해 시간급·성과급 같은 임금률과 노동자간 경쟁을 분석한다. 그러나 그는 3권으로 예정된 노조에 대한 설명은 미완성으로 남겨둔다.[3)]

『자본』 1권 5편 '절대적·상대적 잉여가치의 생산'에서 분석되고 있듯이, 기계제 대공업 아래서 절대적 잉여가치의 생산과 상대적 잉여가치의 생산은 새로운 형태로 결합된다. 절대적·상대적 잉여가치 생산의 결합은 매뉴팩처나 가내수공업이 기계제 대공업과 공존하고 있기 때문만은 아니다. 상대적 잉여가치의 생산이 '다른 수단에 의해 계속되는' 절대적 잉여가치의 생산이기도 하기 때문이다.

고정자본의 감가상각, 자본간 경쟁으로 인한 초과잉여가치의 소멸 등은 기계제 대공업에서 노동일의 연장 및 노동자 수의 증가(노동시간의 '외연적 연장'), 나아가 노동강도의 상승('내포적 연장')을 요구한다. 이것은 모두 기계제 대공업이 채택하는 임금지불 방법을 통해 이루어지는데, 『자본』 1권 6편 '임금[률]'에서 마르크스가 '노동력의 가치·가격'으로서 임금이 아니라 '노동의 가치·가격'으로서 임금률을 상세하게 분석하는 것은 바로 이 때문이다. 실제로 『자본』 1권 초판에서는 5편과 6편이 한 편으로 통합되어 있다.

임금률은 시간급과 성과급이라는 두 가지 형태를 갖는다. 시간급은 직접적으로 낮은 표준시간급을 통해 또 간접적으로 취업자와 실업자간 경쟁을 통해 초과노동(잔업·특근)을 유도하여 노동시간을

---

2) 여기서의 설명은 윤소영, 『마르크스의 '경제학 비판'』(개정판), 공감, 2005에서의 설명을 약간 정정한 것이다.

3) 1865년 7월 31일에 엥겔스에게 보낸 편지에서 마르크스가 언급한 바 있는 『1863-65년 원고』의 미완성 3개장, 즉 『자본』 3권의 미완성 3개편은 이자를 분석하는 5편, 지대를 분석하는 6편, 그리고 수입의 원천을 분석하는 7편인데, 7편의 마지막 52장 '계급[투쟁]'의 대상이 바로 노조다.

연장한다. 게다가 2교대제·3교대제가 일반화되면서 그만큼 노동자의 수가 증가하기도 한다.

시간급을 변형시킨 성과급은 테일러주의적인 '과학적 노동관리'와 포드주의적인 '생산성임금'(또는 '보너스 임금'·'이윤 참여')으로 완성된다. 성과급은 직접적으로 낮은 표준성과급을 통해 또 간접적으로 취업자간 경쟁을 통해 노동강도를 상승시킨다.

마르크스는 임금률 분석을 통해 임금률이 노동력가치로부터 괴리·지체되는 경향, 좀 더 정확하게 말하자면 노동력의 '재생산가치'에 대한 '일상적 가치'의 괴리·지체의 경향(브뤼노프)을 설명한다.

우선 표준시간급이 낮은 수준일 때, 노동자는 초과노동에 의해 노동시간을 연장하여 임금률을 보충하려고 한다.

$$w = l\uparrow \times \frac{W}{l}\downarrow,$$

단, w = 1인당 임금 또는 임금률,
l = 1인당 노동시간,
$\frac{W}{l}$ = 표준시간급.

그러나 초과노동으로 인한 노동시간의 연장은 취업자와 실업자간 경쟁을 야기하기 때문에 표준시간급이 더 인하될 수 있다.

나아가 표준성과급이 낮은 수준일 때, 노동자는 노동강도를 상승시켜 임금률을 보충하려고 한다.

$$w = l \times \frac{X}{l}\uparrow \times \frac{W}{X}\downarrow,$$

단, x = 1인당 사용가치 생산량(개수),
$\frac{X}{l}$ = 1인당 노동강도,
$\frac{W}{X}$ = 표준성과급.

그러나 노동강도의 상승은 취업자간 경쟁을 야기하기 때문에 표준 성과급이 더 인하될 수 있다.

요컨대, 시간급과 성과급으로 인해 '저임금·장시간·고강도노동'의 악순환이 초래되는 것이고 바로 이것이 노조가 존재하는 근거가 된다.[4] 노조의 경제투쟁으로 인해 임금률이 노동력가치와 일치되기 때문이다. 나아가 (사용가치가 아니라 가치로 측정되는) 노동생산성의 상승을 보상할 것을 요구하는 노조의 경제투쟁은 임금률·노동력가치의 비례적 상승을 통해 임금분배율을 일정하게 유지한다.[5]

궁핍화론에 대해 잠시 주목하기로 하자. 마르크스는 자본주의적 축적의 일반적 법칙으로서 이윤율의 하락과 그 이중적 결과로서 (집적이라는 형태의 실물적 축적이 아니라 집중이라는 형태의 금융적 축적이라는 의미에서) 자본의 금융화와 노동의 궁핍화(Wachstum des Elends, increasing misery; Verelendung, immiseration)에 주목한다. 그런데 여기서 궁핍화가 「임노동과 자본」에서 정의되는 절대적·상대적 빈곤화가 아니라는 것은 분명하다.[6] 궁핍화란 임금률이

4) 임금률 개념이 없는 『1857-58년 원고』는 (네그리가 강조하는 것처럼) 기술진보가 노동시간 단축을 가능케 한다고 예단하는 데 반해, 『자본』의 임금률 분석은 기술진보가 오히려 저임금·장시간·고강도노동으로 귀결됨을 증명한다. 따라서 『1857-58년 원고』에서는 노조론이 도출될 수 없는 반면, 『자본』의 임금률 분석의 결론은 노조론일 수밖에 없는 것이다.

5) 잉여가치론에서 자본축적론으로의 이행에 대한 더 자세한 설명은 윤소영, 『마르크스의 '경제학 비판'』, 위의 책을 참조하시오.

6) 앨런에 의하면, 영국자본주의에서 이윤율은 1780년대 산업혁명 이후 상승하다가 1873-96년의 대불황기에는 하락하고 이후 1차 세계전쟁까지의 벨 에포크 시기에 다시 상승한다. 반면, 임금분배율은 산업혁명 이후 나폴레옹 전쟁기까지 하락하여 이후 1860년대까지 그 수준을 유지하다가 대불황기에는 상승하고 벨 에포크 시기에 다시 하락하지만 그 변동폭은 10% 포인트 정도에 불과하고, 실질임금은 1830-96년간에 상승하고 그 전후로는 일정한 수준을 유지한다. Robert Allen, "Capital Accumulation, Technological Change, and the Distribution of Income during the British Industrial Revolution", 2005, http://www.cepr.org/meets/wkcn/1/1635/papers/allen.pdf; "Engels' Pause: A Pessimist's Guide to the British Industrial Revolution", 2007, http://www.nuff.ox.ac.uk/users/Allen/unpublished/solow-11.pdf.

노동력가치로부터 괴리·지체되고, 나아가 상대적 과잉인구로서 산업예비군·실업자가 창출된다는 것을 의미하기 때문이다.[7] 자본에 의한 노동의 포섭의 결과로서 '착취·억압·예속·무지·야만·타락'의 증가가 바로 궁핍화라는 것이다.[8]

국제노동자연합의 노조론[9]

『자본』에서 설명되는 임금론에 적합한 노조론은 국제노동자연합(제1 인터내셔널)과 관련된 텍스트에서 제시된다. 국제노동자연합이 영국의 노조를 대중적 토대로 해서 건설된다는 사정을 고려한다면, 이는 어쩌면 당연한 일이다. 알다시피 1820-30년대의 오언주의와 1830-40년대의 차티즘이 쇠퇴한 다음 1850-60년대에 이르러 노조주의가 발전한다.[10]

1864년에 영어로 발표된 「국제노동자연합 발기문」에서 마르크스는 (표준)노동일 단축을 위한 노조의 투쟁, 특히 1847년 공장법(아동·여성노동자를 위한 10시간 노동일 제정)과 1850년 공장법(성인남성노동자를 위한 10시간 노동일 제정)을 쟁취하기 위한 노조의

---

7) 마르크스는 상대적 과잉인구의 실존형태를 유동적 과잉인구(정리해고자), 정체적 과잉인구(비정규직·가내노동자), 잠재적 과잉인구(자영업자·농민), 그리고 '최저의 침전지'(빈민·부랑자)로 분류한다. 유동적 과잉인구가 순환적 실업자(좁은 의미의 실업자)라면, 나머지 과잉인구는 구조적 실업자(넓은 의미의 실업자)라고 할 수 있다.

8) 엥겔스는 1891년의 『에어푸르트강령 비판』에서 빈곤(가난함)과 혼동되는 궁핍(여유 없음)이라는 용어를 '불안전성'(Unsicherheit, insecurity)이라는 용어로 대체하자고 제안한다. 실제로 마르크스는 1865년의 「임금, 가격, 이윤」에서 궁핍과 (불)안전성을 대조하고 있는데, 브뤼노프가 강조하는 것처럼 '프롤레타리아에게 고유한 위험'은 바로 고용의 불안전성이다. 윤소영, 『알튀세르를 위한 강의: '마르크스주의의 일반화'를 위하여』, 공감, 1996.

9) 노조론과 관련된 마르크스와 엥겔스의 텍스트는 K. Lapides, ed., *Marx and Engels on the Trade Unions*, Praeger, 1987; 국민문고편집위원회, 『노동조합론』, 대월서점, 1954 (국역: 새길, 1988)를 참조하시오.

10) 윤소영, 『역사적 마르크스주의: 이념과 운동』, 공감, 2004.

투쟁을 언급한다. 그러나 (표준)임금률 인상을 위한 노조의 투쟁에 대해서는 아직 언급하지 않는다. 이어서 그는 '소유[자본]의 경제학에 대한 노동의 경제학의 훨씬 더 위대한 승리'로서 협동조합을 언급하는데, 『자본』에서 협동조합이 공산주의로의 이행의 '긍정적 통과점'으로 설정된다는 사실을 고려한다면, 이것은 아주 당연한 일이다. 발기문의 마지막 문장은 '만국의 프롤레타리아여, 단결하라!'는 것으로 1848년의 『공산주의자 선언』의 마지막 문장을 반복한다.

또한 마찬가지로 영어로 작성된 「잠정규약」에서는 '노동자계급의 해방은 그 자신에 의해 쟁취되어야 한다'는 사회주의 페미니스트 트리스탕의 테제를 차용하면서 '노동자계급의 경제적 해방은 모든 정치적 운동이 그 수단으로서 종속되어야 하는 위대한 목적이다'라고 강조한다.[11]

『1863-65년 원고』를 집필하는 중이던 마르크스는 자신의 임금론과 노조론을 대중적인 형태('[노동자를 위한] 1시간짜리 경제학 강의')로 제시한다. 1865년 5월 오언주의자 웨스턴은 국제노동자연합 총평의회에서 두 차례의 강연을 통해 노조의 경제투쟁이 무효라고 주장한다. 스미스의 지배노동가치설과 제임스 밀의 임금기금설에 따르면, 노조가 존재하는 산업에서 임금률의 인상은 노조가 존재하지 않는 다른 산업에서 임금률의 하락, 심지어 실업의 발생을 초래한다는 것이 그의 테제다.

프루동주의와 라살주의에 의해서도 공유되는 이런 테제에 대해 마르크스는 6월에 두 차례의 강연을 통해 비판한다. 영어로 된 강연 원고는 본래 제목이 없는데, 1898년에 그의 막내딸 엘러너에 의

---

11) 1869년에 마르크스는 독일금속노동자연맹 지도자 하만과의 인터뷰에서 노조에 대한 라살주의 정당(1863년에 건설된 독일노동자총연맹)의 독재를 비판한다. 요컨대 마르크스에게 '진정한 노동자정당'은 노조인 셈이다. John Moses, *Trade Union Theory from Marx to Walesa*, Berg, 1990. 성공회 사제인 모지스는 영국 성공회와 로마 가톨릭에서 기원하는 기독교 사회주의(일종의 '도덕경제론')와 페이비언주의-베른슈타인주의('사회경제론') 사이에 친화성이 존재한다고 주장한다. 도덕경제론과 사회경제론에 대해서는 윤소영, 『역사적 마르크스주의』, 위의 책을 참조하시오.

해 「가치, 가격, 이윤」이라는 제목의 팜플렛으로 처음 출판되고, 같은 해 독일사민당 이론지 『신시대』에 「임금, 가격, 이윤」이라는 제목의 논문으로 번역된다.

1–5절에서 마르크스는 '이론적으로 오류이며 실천적으로 위험한' 웨스턴의 테제를 비판하고, 6–12절에서 자신의 가치론·잉여가치론의 관점에서 가격·임금·이윤에 대해 설명하면서 '일상적 경험으로 판단한다면, 과학적 진리는 항상 역설이다'라고 강조한다. 결론인 13절 '임금[률]을 인상하려는 또는 그 하락을 저지하려는 시도의 주요 사례'와 14절 '자본과 [임]노동 사이의 투쟁과 그 결과'에서 그는 노조의 경제투쟁의 의의와 한계를 동시에 지적한다.

우선 '자본의 침략에 대한 노동의 저항'으로서 경제투쟁이 없다면, '임금노예'로서 임금노동자는 '노예의 안전조차 보장받지 못한 채 노예의 모든 궁핍을 공유하게 될 것이다'. 그러나 동시에 '자본의 작용에 대한 노동의 반작용'으로서 경제투쟁은 '[임금제도라는] 원인이 아니라 그 결과에 대한 투쟁'일 따름이다. 따라서 노조가 '자신의 조직된 힘을 노동자계급의 최종적 해방, 즉 임금제도의 궁극적 폐지를 위한 지렛대로 이용하지 않는다면, 총체적으로 실패한다'. 이런 결론은 『공산주의자 선언』에서 제시되는 테제, 즉 '노동자들의 투쟁의 진정한 결과는 [임금률의 인상이라는] 직접적 성과가 아니라 점차 확대되는 그들의 단결(Vereinigung)인 것이다'라는 테제를 증명하는 것이기도 하다.[12)]

마르크스는 1866년 제네바에서 열린 국제노동자연합 창립대회를 위한 총평의회의 공식 보고서인 「지침」에서 노조가 임금률 인상을 위해서뿐만 아니라 또한 노동일 단축을 위해서도 투쟁해야 한다고 강조한다. 그는 특히 남·녀 성인노동자(18세 이상)를 위한 8시간 노동일을 제안하는 동시에 아동·청소년노동자(9세 이상)를 세 집단

---

12) 「임금, 가격, 이윤」에서 마르크스가 임금제도의 즉각적(immediate) 폐지와 궁극적(ultimate) 폐지를 구별한다는 사실에 주목해두자. 『반뒤링』에서 엥겔스의 용어법을 따르면, 폐지·철폐(Abschaffung, abolition)와 소멸·사멸(Absterben, disappearance/dying-out)을 구별해야 한다는 것이다.

으로 나누어 노동일을 각각 2·4·6시간으로 제한하고 대신 생산적 노동과 정신·육체교육, 나아가 기술교육을 결합할 것을 제안한다.

마르크스는 노동일을 단축하고 임금률을 인상하기 위한 투쟁을 통해 협동조합과 함께 '노동자계급의 **조직화의 중심**'(마르크스의 강조)을 형성하는 노조가 실업자를 포함하는 '노동자계급 전체의 투사이자 대표'로서 행동해야 한다고 결론짓는다. 『자본』 1권 7편 '자본의 축적과정' 25장 '자본주의적 축적의 일반적 법칙'에서 강조되는 것처럼, 노조가 '취업자와 실업자간 협력(Zusammenwirkung)과 결속(Zusammenhalt)을 조직하려고 노력함'으로써 공동의 이익, 즉 임금제도의 궁극적 폐지를 위해 투쟁해야 한다는 것이다.

「임금, 가격, 이윤」에서 마르크스는 노조가 경제투쟁보다 '더 광범위한 운동'에 참여해야 한다고 강조한 바 있는데, 「지침」에서는 이를 '사회·정치운동'이라고 부른다. 즉 일상적 요구투쟁과 최종적 해방투쟁을 결합시키는 것이 경제투쟁보다 더 광범위한 사회·정치운동으로서 계급운동이라는 것이다. 이런 결론은 '모든 계급투쟁은 정치투쟁이다'라는 『공산주의자 선언』의 관점과 동일한 것이다.

라피데스는 마르크스의 임금론이 오언주의·프루동주의·라살주의에 대한 비판을 통해 사회주의를 노조주의에 대한 적대로부터 해방시키는 동시에 생디칼리즘에 대한 (선취된) 비판을 통해 노조주의를 '파업의 협애한 순환'(엥겔스)으로부터 해방시킨다고 결론짓는다. 공산주의의 노동자적 형태로서 '과학적 사회주의'는 노조주의와 결합해야 한다는 것이다.

라피데스와 논쟁하고 있는 리보위츠의 입장에 대해서도 간단하게 검토해보자.[13] 그는 『자본』에서 분석되는 임노동은 주체(루카치

---

13) Michael Lebowitz, *Beyond "Capital": Marx's Political Economy of Working Class*, Macmillan, 1992 (국역: 백의, 1999); 2nd expanded ed., 2003. 라피데스는 그로스만을 따라 플란 변경설을 주장하고, 리보위츠는 뤼벨을 따라 플란 불변설을 주장한다는 데 주목하자. 플란 논쟁에 대한 더 자세한 설명은 윤소영, 『마르크스의 '경제학 비판'』, 위의 책; 「마르크스의 '경제학 비판'과 경제학설사」, 위의 글을 참조하시오.

의 '대자적 계급')가 아니라 대상('즉자적 계급')일 뿐이라고 비판하면서 『1844년 원고』와 『1857-58년 원고』의 관점에서 임노동론을 재구성한다. 그가 주장하는 임노동론의 대상은 우선 노동력가치의 '역사적·도덕적 요소'인데, 이것은 노동자계급의 정치투쟁에 의해 결정된다. 나아가 이런 정치투쟁의 준거는 실질임금 또는 생활수준이므로, 임노동론의 핵심은 결국 욕구론 또는 소비론이라는 것이다.14)

리보위츠는 이런 '인간주의적' 욕구·소비 개념의 모범적 사례를 베네수엘라의 '볼리바르 혁명'에서 발견한다.15) 그는 차베스 정권을 인민주의라고 비판하는 데 반대하여 '이윤보다 인간[욕구·소비]을' 목적으로 하는 '21세기를 위한 사회주의'라고 옹호한다. 그는 1998년에 집권한 차베스가 그 다음 해에 제정한 '볼리바르 헌법'을 이행강령으로 이해하면서, 2002-03년 군부 쿠데타와 자본의 파업을 계기로 국가자본주의의 건설이 시도되고 또 그 주체로서 지방평의회와 그것을 토대로 하는 전위당의 건설이 시도된다고 주장한다. 여기서 그가 말하는 혁명의 핵심이 '집합전위'(아르네케르)를 주체로 하는 국유화에 있음을 알 수 있다.16)

독일사민당의 '무지와 방종·범죄'

1871년 파리 코뮌 직후 영국의 노조주의자들이 프롤레타리아 독

14) 여기서 리보위츠와 네그리 사이의 이단점을 확인할 수 있다. 네그리의 '사회노동자'(청년·학생·실업자)와 달리 리보위츠는 사회적 차원으로 확대된 '집단노동자'(생산적·비생산적 노동자)를 강조하기 때문이다.

15) M. Lebowitz, "Venezuela: A Good Example of the Bad Left of Latin America", *Monthly Review*, July-August 2007; "The Only Road Is Practice", *Monthly Review*, June 2008, http://www.monthlyreview.org/; 『지금 건설하라, 21세기 사회주의: 둘, 셋, 아니 수많은 볼리바르 혁명을!』(2006), 메이데이, 2008. 이 책의 번역자는 노동자의힘을 대표하는 이론가 원영수 씨다.

16) 그러나 리보위츠 자신도 인정하는 것처럼, 유가 상승에 대한 절대적 의존이라는 객관적 조건과 공장평의회의 부재 및 노동자운동의 분열이라는 주체적 조건을 고려할 때, 볼리바르 혁명의 미래가 확실한 것만은 아니다.

재에 반대하면서 국제노동자연합에서 대거 탈퇴한다. 이에 따라 국제노동자연합은 1872년 헤이그 대회에서 노동자계급의 독자적 정당 건설을 결의하고 실질적으로 해산된다. 그러나 마르크스가 큰 기대를 건 독일사민당(1869년에 건설된 독일사민주의노동자당의 후신)은 마르크스의 임금론이 아니라 제임스 밀의 임금기금설을 표절한 라살의 임금철칙설을 수용한다. 리프크네히트를 비롯한 독일사민당 활동가들은 마르크스주의와 라살주의를 구별하지 못한 채 본질적으로 라살주의자로 남아 있기 때문이다. 마르크스는 리프크네히트가 편집하는 독일사민당 기관지 『인민국가』에 종종 실리는 '교수·박사·학생이 쓴 잡문'의 '학자연하는 불레셋적[속물적] 환상'에 대해 개탄한 바 있다.17)

1875년의 『고타강령 비판』에서 제기되는 가장 핵심적인 쟁점은 라살의 임금철칙설에 대한 비판인데, 마르크스는 이런 논쟁이 '전혀 즐겁지 않은 쓸모 없는 짓'이라고 언급하면서 리프크네히트의 '불성실과 무분별(Frevel)', 다시 말해서 '정직성과 신중성'의 결여를 비판한다. 이런 상황을 '과학적 무지는 곧 정치적 방종·범죄(Frevel)다'라는 테제로 정리한 사람은 바로 레닌이다.18)

---

17) 1874년 8월 4일에 마르크스가 조르게에게 보낸 편지. 마르크스가 염두에 두고 있는 인물은 특히 뒤링 같은 자인데, 1877-78년 『반뒤링』을 쓰기 직전에 엥겔스는 그에 대해 다음과 같이 평가한 바 있다. '[뒤링 이전에는] 어느 누구도 그런 부조리한 잡문을 쓴 적이 없었다네. 더할 나위 없이 바보 같은 말로 가득 찬 젠체하는 헛소리 그 이상은 아니지만, 그러나 모든 것이 저자가 아주 잘 알고 있는 독자에게 맞추어 얼마간 재주껏 정리되어 있지. [『파우스트』 1부의 '마녀의 부엌'에서 파우스트를 놀리면서 메피스토펠레스가 말하는 것 같이] 일은 거의 하지 않은 채 멀건 꿀꿀이죽만으로 만물의 법칙을 인식하는 법을 재빨리 배우고자 하는 그런 독자 말일세. 그 자는 [보불전쟁의 배상금으로 흥청거리는] 투기거품 시대의 [경제학과] 사회주의와 철학에 적합한 인물인 것 같네.' 1876년 7월 25일에 엥겔스가 마르크스에게 보낸 편지.

18) 『고타강령 비판』과 관련된 일련의 상황에 대해서는 마르크스가 5월 5일에 브라케에게 보낸 편지와 함께 엥겔스가 3월 18일/28일에 베벨에게 보낸 편지, 10월 11일에 브라케에게 보낸 편지, 10월 12일에 베벨에게 보낸 편지를 참조할 수 있다.

참고로, 『고타강령 비판』에서 마르크스는 '평등한 임금'을 또다시 비판한다. 공산주의의 낮은 단계로서 협동조합사회에서 '능력에 따른 노동과 노동에 따른 분배'는 노동능력의 차이에 따른 분배·임금의 차이를 함의하기 때문이다. 평등한 임금에 대한 이런 비판은 '평등한 (무상)교육'에 대한 비판과 결합되는 것이기도 하다. 분배·임금의 차이를 소멸시키기 위해서는 노동능력의 차이를 소멸시켜야 하고, 노동능력의 차이를 소멸시키기 위해서는 생산적 노동과 결합하는 이론적·실천적 기술교육이 필요하기 때문이다.

1879년에 새로운 기관지 『사민주의자』의 창간을 둘러싼 이견으로 마르크스는 결국 독일사민당과의 관계를 단절한다.[19] 이런 상황은 1882년에 당시 반(反)마르크스주의적 저널리스트이던 메링이 부르주아 신문에서 마르크스와 독일사민당 사이의 불화를 폭로할 때까지 지속된다. 그러나 독일사민당과의 관계의 복구에는 1883년부터 베벨이 좌경화되어 결국 리프크네히트와 결별하고, 게다가 카우츠키와 베른슈타인 같은 신세대 이론가가 성장한다는 사정이 크게 작용한다.[20] 1891년에 카우츠키의 노력과 베벨의 지지로 『고타강령 비판』이 출판되는 동시에 『에어푸르트 강령』이 채택되면서 리프크네히트는 결국 노동자운동에서 은퇴한다. 그러나 1895년에 엥겔스가 사망하자 베른슈타인이 리프크네히트의 역할을 재연한다.[21]

---

19) 1879년 9월 17/18일에 마르크스·엥겔스가 베벨·리프크네히트·브라케 등에게 보내는 회람 편지.

20) 1883년 9월 18일에 엥겔스는 카우츠키에게 보낸 편지(경어를 쓰는 마지막 편지)에서 다음과 같은 애정 어린 비판을 한다. '일반적으로 말해서, 아주 광범위한 영역과 수많은 자료를 포괄하는 그런 모든 과학적 작업에서는 다년간 연구하지 않고서 무엇인가 현실적[실질적]인 것을 성취할 수 없습니다. 개별적으로 새롭고 올바른 관점은(…)아주 쉽게 제시할 수 있지만, 그러나 전체를 개관하고 새롭게 설명할 수 있으려면 완벽한[숙고된] 연구가 선행되어야 합니다. 그렇지 않다면, 『자본』 같은 책이 훨씬 더 많이 있겠지요.'

21) 그리고 로자와 레닌이 카우츠키 대신 베른슈타인을 비판한다. 1896-99년 수정주의 논쟁, 1905년 대중파업 논쟁, 1910-13년 붕괴론 논쟁에 대해서는 윤소영, 『역사적 마르크스주의』, 위의 책을 참조하시오.

대안노조로서 사회운동노조

워터먼의 사회운동노조 개념

1980년대 남아프리카공화국 같은 신흥공업국과 폴란드 같은 현존 사회주의의 경험을 현실적 준거로 하여 대안노조의 모델로서 사회운동노조를 최초로 개념화한 것은 워터먼이다. 그는 볼셰비키노조를 개혁하여 노조의 사회운동적 성격을 강화시키는 동시에 페미니즘·생태주의·평화주의 같은 새로운 사회운동과 결합시키자고 제안한다.[22] 동시에 그는 볼셰비키정당을 사회운동을 지도하는 전위당(vanguard party)이 아니라 사회운동에 봉사하는 '후위당'(rearguard party)인 사회운동정당으로 개혁하자고 제안한다. 나아가 그는 연구자도 전위당과 결합하여 사회운동을 지도하는 '유기적 지식인'(그람시)이 아니라 활동가에 대한 자문·교육을 통해 사회운동에 봉사하는 '기술적 지식인'으로 변모해야 한다고 제안한다.[23]

그러나 워터먼은 무디의 사회운동노조 개념을 비판하면서 사회노조라는 새로운 명칭을 채택한다. 특히 무디의 은폐된 트로츠키주의가 문제인데, 그의 경우 사회운동노조는 노조로 조직되는 정규직 노동자가 비정규직노동자를 비롯해서 실업자와 빈민을 동원하는 동시에 페미니즘 같은 새로운 사회운동을 지도하는 전략일 따름이라고 비판한다.[24] 워터먼의 이런 전환은 남아공·브라질 노조가 '반(半)자유민주주의와의 타협'을 통해 노사정 협상 같은 노사관계의

---

22) 수정주의 논쟁을 계기로 출현한 볼셰비키노조의 역사에 대해서는 Richard Hyman, *Understanding European Trade Unionism: Between Market, Class and Society*, Sage, 2001을 참조하시오.

23) Peter Waterman, "Social-Movement Unionism: A New Union Model for a New World Order?", *Review*, Summer 1993 (국역: 이 책에 실림).

24) P. Waterman, "Needed: A New Language to Contribute to a New 'International Social-Movement Unionism'", April 1997, http://www.antenna.nl/~waterman/dialogue.html.

제도화에 몰두한다는 비판과도 관련된다. 그가 주장하는 사회노조는 인터넷으로 소통하는 네트워크로 조직되는데, 여기서 사회란 자본 및 국가와 구별되는 제3의 영역이자 새로운 사회운동의 영역으로서 '시민사회'를 의미한다.[25)]

워터먼은 사회운동노조를 둘러싼 논쟁을 개관하는 최근의 논문에서 자신의 입장을 더욱 구체화한다. 그는 무디의 사회운동노조가 계급과 지방공동체(또는 지역사회)를 결합하는 데 반해, 자신의 시민사회노조는 계급과 새로운 사회운동 또는 오히려 대안세계화운동을 결합한다고 주장한다. 무디의 사회운동노조가 고질적인 노동자주의와 인민주의·민족주의로 인해 새로운 사회운동이나 대안세계화운동과 결합하지 못하고 코퍼러티즘으로 변질될 수밖에 없다고 비판하는 것이다. 워터먼은 카스텔스 식의 정보·통신기술을 토대로 탈산업화된 네트워크 자본주의에 대응하여 시민사회노조도 소통·연대를 위한 네트워크로 조직될 수밖에 없다고 강조한다.[26)]

나아가 워터먼은 사회운동노조·시민사회노조에 대한 트로츠키주의자와 '개방적 마르크스주의자'의 비판은 별반 의미가 없다고 주장한다. 트로츠키주의자 갤은 전위당이라는 만병통치약을 제안할 따름이다.[27)] 또 개방적 마르크스주의자 니어리는 네그리의 사회노동자론을 원용하여 사회운동노조를 비판할 따름이다. 니어리가 클리버의 사파타주의 해석을 원용하여 레닌과 로자의 전위당을 비판한다는 사실에도 주목해두자.[28)]

---

25) P. Waterman, "The New Social Unionism: A New Union Model for a New World Order", in Ronaldo Munck and P. Waterman, eds., *Labour Worldwide in the Era of Globalization: Alternative Union Models in the New World Order*, Macmillan, 1999, http://www.antenna.nl/~waterman/dialogue.html (국역: 문화과학사, 2000). 이 논문은 1993년 논문을 축약하고 수정한 것이다.

26) P. Waterman, "Adventures of Emancipatory Labour Strategy as the New Global Movement Challenges International Unionism", *Journal of World-Systems Research*, Winter 2004, http://jwsr.ucr.edu/.

27) Gregor Gall, "Organised Labour, Socialist Activity and the 'New Internationalisms'", *Historical Materialism*, Vol. 10, No. 2, 2002.

그런데 니어리의 동료인 매더스는 새로운 '개량주의적 노동운동'으로서 사회운동노조를 비판하면서 트로츠키주의적 전위당에 의해 지도되는 '사회변혁적 노동운동'을 제창한다. 그가 말하는 사회변혁적 노동운동의 사례는 1997년에 결성된 노동·사회운동활동가네트워크로서 유럽행진인데, 그것은 실업자를 중심으로 빈민과 부랑자, 비정규직노동자와 이주노동자를 결합하는 새로운 노동운동을 지향한다. 말하자면 (원인으로서) 착취가 아니라 (결과로서) 배제와 불평등을 토대로 하는 노동운동이라는 것이다.[29]

반면 워터먼은 사회운동노조와 민주화운동으로서 시민권운동을 결합하고자 하는 존스턴의 시도는 아주 독창적이라고 높게 평가한다. 미국노총(AFL-CIO)과 친화성을 갖는 존스턴은 사회운동은 곧 시민권운동이라는 관점에서 사회운동노조를 시민권운동노조로 개념화한다.[30] 그는 19세기 노동자운동의 사회운동적 전통을 부활시킴으로써 미국노총과 공공부문노동자, 이주노동자, (아직은 주변적인) 비정규직노동자를 수렴시키는 동시에 노동자운동과 새로운 사회운동을 통일시키자고 제안한다.[31]

---

28) 마이클 니어리, 「노동이 운동하고 있다: '사회운동적 노조주의' 비판」, 『진보평론』, 2001년 여름. 이 논문의 번역자는 당시 민주노총 정책부장이자 현재 노동자정당건설추진위원회(노건추) 성원인 오건호 씨다.

29) Andy Mathers, *Struggling for a Social Europe: Neoliberal Globalization and the Birth of a European Social Movement*, Ashgate, 2007.

30) Paul Johnston, "Organize for What? The Resurgence of Labor as a Citizenship Movement", in Lowell Turner et al., eds., *Rekindling the Movement: Labor's Quest for Relevance in the 21st Century*, Cornell University Press, 2001; 축약본: *Critical Sociology*, Jan. 2000. 과천연구실도 1995년 이래 워터먼의 사회운동노조를 '인권의 정치'와 결합해왔음을 지적해두자. 윤소영, 『알튀세르를 위한 강의』, 위의 책.

31) 참고로, 존슨은 인권의 정치와 사회운동의 결합의 사례로서 노조페미니즘에 주목하지만, 그러나 해방(이상적 보편성)과 시빌리테(허구적 보편성)를 사회주의와 자유주의로 오해한다. Alan Johnson, "Social Movements, Equaliberty and Politics: A Case Study of the Campaign for a 'Labor Equal Rights Amendment' in California", *History Matters 6th Annual Conference: Social Movements (Past, Present, and Future)*, New School University, 3 May 2003, http://www.newschool.edu/gf/historymatters.

그런데 로빈슨은 사회운동노조가 미국노총의 지향일 따름이고 현실은 사회노조라고 평가한다. 그는 기왕의 실리노조에 반대하여 사회노조는 코퍼러티즘적 개혁을 추구하고 사회운동노조는 '도덕적 비판'을 수행한다고 주장한다. 게다가 볼셰비키노조의 교조주의와 종파주의를 비판하는 그는 볼셰비키노조의 사회운동노조로의 개혁 전망을 무시한다.[32]

어쨌든 1995년에 스위니가 총재로 선출된 다음 미국노총이 사회운동노조로 방향을 선회한다는 것은 일반적인 평가다.[33] 사회운동노조로서 미국노총은 존스턴이 주목하는 몇 가지 시도 이외에도 특히 '대안자유무역협정'을 위해 투쟁한다. 즉 북미자유무역협정을 비롯한 모든 자유무역협정은 미국의 무역적자와 자본수입을 지속시키는 수출달러의 환류 메커니즘일 따름이라고 비판하면서 국제노동기구(ILO)·국제연합(UN)이 제시하는 노동·환경표준에 따른 '사회조항'이 자유무역협정에 포함되어야 한다고 주장하는 것이다. 미국노총은 이런 입장에서 중국의 최혜국 대우 및 세계무역기구 가입을 비판하고,[34] 또 한·미자유무역협정도 비판한다.[35]

2000-01년 이후 금융세계화의 두 번째 단계가 전개되면서 수출달러의 환류 메커니즘이 더욱 중요해지는 현정세에서 대안자유무역협정을 위한 이런 투쟁은 주목할 만한 시도다.[36] 게다가 화폐동

32) Ian Robinson, "Neoliberal Restructuring and U.S. Unions: Toward Social Movement Unionism?", *Critical Sociology*, Jan. 2000.

33) L. Turner and R. Hurd, "Building Social Movement Unionism: The Transformation of Labor Movement", in L. Turner et al., eds., *op. cit.*

34) James Shoch, "Organized Labor versus Globalization: NAFTA, Fast Track, and PNTR with China"; Lance Compa, "Free Trade, Fair Trade, and the Battle for Labor Rights", in L. Turner et al., eds., *op. cit.* 마르크스는 『자본』 1권 3판의 7편 '자본의 축적과정' 24장 '잉여가치의 자본으로의 전환'에 추가된 각주에서 중국에서 산업혁명이 발생한다면, 영국 자본은 세계시장에서 경쟁의 압력으로 인해 자국의 임금률을 중국 수준으로 하락시키고자 노력할 것이라고 예언한 바 있다.

35) 민주노총, 『미국노총 초청 긴급워크숍: 나프타와 [4월 2일에 타결된] 한미FTA, 노동자에게 미치는 영향』, 2007년 5월 2일.

맹으로서 유럽연합의 상황과 비교할 때, 이런 투쟁이 성공할 가능성은 그만큼 더 크다.[37] 반면 실버의 미국노총에 대한 비판은 수출달러의 환류 메커니즘에 대한 몰이해에서 비롯된다.[38]

사회운동노조의 사례로서 이탈리아제1노총

워터먼의 동료인 바야트는 사회운동노조를 평의회 또는 더 일반적으로 노동자통제의 전통을 계승하는 것으로 평가한 바 있다.[39] 이런 관점에서 사회운동노조와 1970년대 이탈리아의 평의회노조 사이의 관계를 재구성해볼 수 있을 것이다.[40] 하이먼을 참조하여 1970년대 이후 이탈리아제1노총(CGIL)의 상황을 개관해보자.[41]

1969년 '뜨거운 가을'에 출현하는 평의회노조가 쟁취한 최초의 성과물은 1970년에 제정되는 노동자권리법이다. 무솔리니의 파시스트적 노동통제를 폐지하는 이 법이 미국·프랑스의 노동법을 모델

---

36) 현정세에 대한 분석은 윤소영, 「금융위기와 대안좌파의 과소결정: 2005-08년 세계정세」, 『일반화된 마르크스주의와 대안좌파』, 위의 책을 참조하시오.

37) 자유무역협정과 달리 평가절하가 불가능한 화폐동맹에서는 노동의 신축화가 더욱 강조된다. 윤소영, 「한·미자유무역협정 비판」, 『일반화된 마르크스주의의 쟁점들』, 공감, 2007. 그런데 사족이라는 생각이 들면서도 한마디만 해두자면, '미국 소, 미친 소'나 '뇌 송송, 구멍 탁' 같은 데모고기에 의해 동원되는 2008년 5월의 '불레셋적'(마르크스) 또는 '테코파적'(베르티노티) 촛불집회가 어떻게 한·미자유무역협정 비준반대운동으로 발전할 수 있다는 것인지 알다가도 모를 일이다.

38) Beverly Silver and Giovanni Arrighi, "Workers North and South", in *The Socialist Register 2001*, Monthly Review Press, 2000.

39) Assef Bayat, *Work, Politics and Power: An International Perspective on Workers' Control and Self-Management*, Monthly Review Press, 1991.

40) 윤소영, 『역사적 마르크스주의』, 위의 책.

41) R. Hyman, *Understanding European Trade Unionism*, *op. cit.* 최근 상황은 European Industrial Relations Observatory (EIRO), "Annual Review for Italy", etc., http://www.eurofound.europa.eu/eiro/2008/country/italy.htm을 참조하시오. 유럽연합 산하 생활·노동조건개선을위한유럽재단의 사업의 일환으로 1997년에 설립된 유럽노사관계관측소는 유럽 각국의 노동연구소네트워크를 토대로 운영된다.

로 노동자의 권리를 규정하는 이탈리아 최초의 진정한 노동법이다. 그러나 이탈리아경제는 아직도 저임금과 평가절하를 토대로 하는 수출지향적 성장전략으로 특징지어진다.

나아가 1972년에 평의회노조를 토대로 3대 노총의 행동통일이 실현된다.42) 제1노총금속연맹(FIOM) 총서기 트렌틴이 3대 노총의 느슨한 통합연맹을 건설하는 데 성공하는 것이다. 그 결과 1976년에 제1노총은 공산당 계열의 노조로서는 유일하게 유럽노조연맹(ETUC)에 가입할 수 있게 된다. 1972년에 그는 또한 1945-46년에 도입되지만 냉전으로 인해 1951년에 수정·무력화된 연동제(정액임금인상제)의 재도입을 제안하여 1975년에 연동제를 위한 노사정 협정을 체결하는 데 성공한다.43) 반숙련노동자와 숙련노동자간, 육체노동자와 정신노동자간 임금 격차를 축소시킴으로써 노동자간 경쟁을 제한하고 노동자통제를 복원하려는 연동제는 평의회노조를 상징하는 이행강령이라고 할 수 있다.44)

그러나 1979년에 이탈리아가 유럽통화제도(EMS)에 가입하면서 수출경쟁력을 확보하기 위한 수단으로서 평가절하 대신 저임금이 강조된다. 또 1981년에 중앙은행이 정부로부터 독립하면서 신자유주의적 정책개혁으로의 이행이 개시된다.45) 이에 따라 1983년에 크

---

42) 평의회노조는 현장성 및 정파성의 지양을 특징으로 한다. 윤소영, 『역사적 마르크스주의』, 위의 책; 고노 미노루, 「1970년대의 노사관계 (이탈리아): 공장평의회의 종언을 향하여」, 오비린대학 『경영정책논집』, 2권 1호 (2003).

43) 반면 기민당 계열의 제2노총은 '욕구'로서 노동이라는 마르크스적 개념이 아니라 '고통'으로서 노동이라는 기독교적 개념에 따라 비교적 '온건한' 연동제 대신 임금 수준에 반비례적인 임금 인상을 요구하는 차등임금인상제라는 더욱 '급진적'인 요구를 제시한다. 네그리주의적인 사회임금론의 원형이라고도 할 수 있는 이런 요구의 배후에는 인민주의적으로 급진화된 기독교 신좌파 그룹인 투쟁은계속된다(LC)의 영향이 크다고 한다.

44) Richard Locke and Lucio Baccaro, "The End of Solidarity? The Decline of Egalitarian Wage Policies in Italy and Sweden", *European Journal of Industrial Relations*, Nov. 1998. 또 R. Locke and L. Baccaro, "The Resurgence of Italian Unions?", in Andrew Martin and George Ross et al, *The Brave New World of European Labor: European Trade Unions at the Millennium*, Berghahn Books, 1999도 참조.

락시의 사회당 정부가 주도하는 노사정 협상에 제2노총(CISL)과 제3노총(UIL)이 참여하면서 연동제의 수정·폐지가 시도된다. 또 1984년에 제1노총이 노사정 협상에 반대하여 총파업을 주도하면서 3대 노총의 통합연맹도 해체된다. 게다가 1983년부터 무솔리니가 설립한 파시스트적 국가지주회사의 사유화가 진행되면서 1986-87년에 민간부문과 임금이 균등화되는 데 반대하는 공공부문 대중파업이 전개되고 1987년에는 독립노조 코바스(기층위원회)가 출현하는데, 전투적 코퍼러티즘을 표방하는 코바스가 연동제를 거부하면서 평의회노조의 쇠퇴도 가속화된다.

1992년에 기민당과 사회당의 '탄젠토폴리'(부패스캔들)로 제1공화국이 붕괴하는 동시에 경제위기·외환위기가 발생한다. 이런 상황에서 트렌틴(1988년 이후 제1노총 총서기)은 3대 노총의 통합연맹을 재건하기 위해 1992년에 연동제 폐지에 합의하고 1993년에는 노사정 협상에 참여한다. 이탈리아 역사상 최초로 3대 노총이 참여하는 1993년 노사정 협상의 가장 중요한 특징은 연동제를 소득정책('신축적 연동제')으로 대체하는 동시에 단체교섭의 구조를 전국적 교섭(노총)-산업별 교섭(연맹)의 집권화된 구조와 기업별 교섭(대기업노조)-지역별 교섭(중소기업노조)의 분권화된 구조로 이원화한 데 있다. 연동제 폐지와 분권화된 교섭구조는 자본가의 요구를 반영하는 것이고, 소득정책 채택과 집권화된 교섭구조는 노동자의 요구를 반영하는 것이다.[46]

그러나 평의회노조가 완전히 소멸하는 것은 아니다. 코바스의 출현과 연동제에 대한 비판에 대응하여 1987년에 트렌틴과 마찬가지로 이탈리아공산당 잉그라오 좌파의 성원인 베르티노티(1985년 이후 제1노총 전국서기)를 중심으로 평의회노조를 고수하려는 제1노

---

45) 1980년대 이후 제1노총의 약화를 상징하는 사건이 바로 1980년 10-11월 피아트의 정리해고 반대투쟁에서의 패배다.

46) 1994년에 제1노총 총서기직을 사임하는 트렌틴은 그 후 유럽노조연맹 산하 유럽노조연구소(ETUI) 소장을 역임하고 1999-2004년에는 좌파민주당 소속 유럽의회 의원으로 선출된다. 그는 2007년에 사망한다.

총 좌파가 형성되기 때문이다. 1989-91년에 전개되는 이탈리아공산당 해체를 둘러싼 논쟁에서 트렌틴은 오히려 총서기 오케토를 대변하고 베르티노티가 잉그라오를 대변한다.

1991년 12차 전국대회에서 트렌틴의 다수파가 코퍼러티즘적 노사관계의 제도화로 노선을 변경하는 테제를 제출하자 베르티노티의 소수파는 '노조답자'(Essere sindacato)라는 슬로건으로 상징되는 테제를 제출하고, 자본은 물론이고 국가와 정당으로부터 자율적인 사회운동으로서 노조, 나아가 페미니즘·생태주의·평화주의와 연대하는 사회운동으로서 노조, 요컨대 사회운동노조를 제창한다.[47] 그러나 베르티노티는 1993년에 공산주의재건당에 입당하여 1994년 2차 당대회에서 총서기로 선출된다.[48] 이후 제1노총 소수파는 공산주의재건당에 대한 태도를 둘러싸고 양분되어 1996년 13차 전국대회에서는 '대안노조 1'과 '대안노조 2'라는 테제를 제출한다.[49]

2001년 베를루스코니의 재집권을 전후해서 제1노총은 다시 좌경

---

47) Carol Mershon, "The Crisis of the CGIL: Open Division in the 12th National Congress", in *Italian Politics: A Review, Vol. 7*, Pinter, 1992. 12차 전국대회에서 다수파 테제와 소수파 테제를 지지한 대의원의 비율은 84% 대 16%다.

48) 여기서 공산주의재건당 건설과 관련된 『역사적 마르크스주의』의 설명을 정정해두자. 1991년에 이탈리아공산당이 좌파민주당으로 변모하면서 1990년에 시작된 공산주의재건운동(MRC)은 공산당 구좌파에 속하는 코수타 그룹 및 사키 그룹과 신좌파에 속하는 마그리 그룹을 중심으로 공산주의재건당(PRC)을 건설한다. 창당 대회에서 코수타 그룹의 지도자인 코수타가 초대 총재로 선출되고, 마그리 그룹의 가라비니가 초대 총서기로 선출된다. 잉그라오 좌파는 1993년에 베르티노티를 비롯한 제1노총 좌파가 입당하면서 공산주의재건당에 합류하는데, 1994년 2차 당대회에서 베르티노티는 코수타 그룹의 지지를 받아 2대 총서기로 선출된다. 1995년에 탈당하는 가라비니는 1996년에 좌파민주당으로 복당한다. Transform! Italia, *A Study on Innovation in the* Rifondazione Comunista *Party*, Transnational Institute, 2004, http://www.tni.org/reports/newpol/rifondazione.pdf.

49) 13차 전국대회에서 다수파 테제와 소수파 테제 1과 소수파 테제 2의 지지 비율은 82% 대 12% 대 5%다. 나머지 1%는 다수파와 소수파를 모두 비판하는 제3의 테제를 지지한다. 고노, 「CGIL에서 제조류의 대립·항쟁(1990년대)」, 『경영정책논집』, 3권 1호 (2003).

화된다. 1999년 세계무역기구(WTO) 반대투쟁과 2001년 세계사회포럼(WSF) 출범을 계기로 대안세계화운동이 개시되면서 사회운동노조로의 변모를 시도하는 것이다. 또 2002년에 베를루스코니 정부가 노사정 협상을 무시한 채 노동관련법을 개정하려는 『노동시장개혁 백서』를 발표하자 이것을 비판하면서 제2노총과 제3노총을 견인하여 연대파업을 주도한다. 나아가 2002년 피렌체에서 열린 1차 유럽사회포럼(ESF)에 공산주의재건당과 함께 주도적으로 참여하기도 한다.[50] 이것이 바로 베르티노티가 공산주의 재건의 토대로 환영한 바 있는 '새로운 노동자운동'인 것이다.[51]

그러나 제1노총의 좌경화는 지속되지 않는다. 2003년부터 노조의 '정치화'(사회운동화)를 비판하면서 '재노조화'와 3대 노총의 행동통일을 주장하는 다수파의 반격이 시작되는 것이다.[52] 이에 따라 3대 노총은 2004년에 통합전국대회를 개최하고 행동통일을 결의한다. 또 2006년 총선에서 좌파민주당 중심의 중도좌파가 재집권하면서 제1노총은 노사정 협상에 다시 참여한다. 중도좌파와 공동정부를 구성하는 공산주의재건당과 제1노총 좌파의 토대인 금속연맹은 이

---

50) Andreas Bieler and Adam Morton, "'Another Europe Is Possible'? Labour and Social Movements at the European Social Forum", *Globalizations*, Dec. 2004.

51) 혁명적공산주의자동맹과 친화성을 갖는 베루와 우비알리에 따르면, 제1노총은 대안세계화운동과 결합하는 사회운동노조이자 사회운동정당으로서 공산주의재건당에 평행하는 모범적 사례다. 또 제1노총의 이런 변모에는 미국노총의 영향도 크다고 한다. Sophie Béroud and Georges Ubbiali, "Les syndicats de l'ancien écosystème communiste (CGIL, CGT, Commissions ouvrières) face à l'altermondialisme: Un ressourcement possible?" (Colloque international 'Les mobilisations altermondialistes', 3-5 déc. 2003), http://afsp.msh-paris.fr/activite/groupe/germm/collgermm03txt/germm03beroud.pdf.

52) 2006년 총선에서 공산주의재건당이 좌파민주당과 공동정부를 구성하는 데 합의하는 가장 중요한 이유인 노동시장개혁을 위한 2003년 30호법과 교육개혁을 위한 모라티법(2003년 53호법)은 모두 이 해에 제정된다. 또 이주민을 규제하는 보시-피니법은 2002년에 제정된다. 참고로, 30호법은 1990년대 말부터 활동을 재개한 신세대 적군파에 의해 2002년에 살해된 비아지의 이름을 따서 비아지법이라고 불리기도 한다.

에 대응하여 30호법 등의 폐지와 35시간 노동주의 입법을 노사정 협상의 조건으로 제시하면서 전국적인 대규모 시위를 주도한다.[53] 그러나 2007년에 국회를 통과한 새로운 노사정 협정에서는 자본가 단체의 반대로 인해 35시간 노동주의 입법은 포기되고 30호법은 약간 수정되면서 이른바 '신축적 안전보장'(flexicurity)이 출현한다.[54]

유럽노조연맹과 노조의 초민족화

하이먼은 이데올로기에 따라 노조의 유형을 비교·연구하면서 사회운동 같은 투쟁의 우위 아래 그것과 노사정 협상 같은 제도의 결합을 모색한다.[55] 그는 이런 관점에서 대안노조의 모델로서 사회운동노조 개념에 주목하는데, 사회운동에서 노조의 이데올로기적 헤게모니가 복권되려면 19세기적 전통에 따라 노조 자체의 사회운동적 요소가 복원되어야 하기 때문이다.[56] 나아가 그는 유럽노조연맹

---

53) 여기서 공산주의재건당과 금속연맹이 공동정부 구성과 노사정 협상을 '원칙의 문제'가 아니라 '정세의 문제'로 인식하고 있음을 알 수 있다.

54) 좌파가 우파를 견인하는 2002년 14차 전국대회와 우파가 좌파를 압도하는 2006년 15차 전국대회에서 제1노총 좌파는 별도의 테제를 제출하지 않는다. 금속연맹을 토대로 하는 좌파는 사회운동노조로의 방향 전환을 고수하고 있지만, 그러나 2004-05년을 전후로 해서 그 세력이 약화된다. 이런 정세에 대응하기 위해 베르티노티가 좌파민주당과의 공동정부 구성을 위한 테제 「대안사회」를 제출하는 것이다. 베르티노티는 공산주의재건당의 '역설'이 이탈리아공산당을 계승하면서도 제1노총과의 관계가 취약하다는 데 있음을 인정한 바 있다. Fausto Bertinotti, "Refounding Further" (Interview of Tom Behan, Oct. 2003), *International Socialism*, Spring 2004.

55) R. Hyman, *Understanding European Trade Unionism*, *op. cit.* 한편 켈리는 프레게와 함께 노조의 이데올로기보다 전략에 주목하는 비교·연구를 주도한다. Carola Frege and John Kelly, eds., *Varieties of Unionism: Strategies for Union Revitalization in a Globalizing Economy*, Oxford University Press, 2004; *European Journal of Industrial Relations*, March 2003 ('Trade Union Revitalization').

56) R. Hyman, "Five Alternatives for West European Unionism", in Munck and Waterman, eds., *op. cit.*

의 코퍼러티즘을 비판하기도 하는데, 유럽연합이 국가가 아닌 한 또 유럽노조연맹이 중앙교섭권을 갖는 유럽노총이 아닌 한, 유럽노조연맹이 추구해온 유럽적 차원에서의 노사정 협상이란 무망한 전망이기 때문이다.[57)]

실제로 유럽노조연맹은 유럽연합이 공동시장에서 화폐동맹으로의 이행을 시도하자 1973년에 독일노총(DGB)과 영국노총(TUC)을 중심으로 화폐동맹의 보완책으로 설립되는데, 화폐동맹으로의 이행이 시연되면서 그 역할도 제한된다. 유럽노조연맹이 다시 주목받게 되는 것은 1987년 유럽단일의정서와 1992년 마스트리히트조약이 비준되면서 화폐동맹으로의 이행이 가속화되면서부터다. 그러나 유럽의회처럼 자문기구에 불과한 유럽노조연맹은 집행위원회의 후원 아래 발전하는데, 유럽연합의 초민족적 입법·집행기구인 집행위원회가 민족지향적 입법·집행기구인 각료평의회를 견제하기 위해 유럽노조연맹을 활용하려고 시도하기 때문이다.[58)]

매더스는 1999년 이후 유럽노조연맹에서도 사회운동적 요소가 미약하나마 출현한다고 평가한다. 유럽노조연맹이 아탁이나 공산주의재건당과 유사한 입장에서 유럽연합헌법조약 2부의 기본권 규정을 비판하기 때문이다.[59)] 특히 유럽노조연맹은 기본권 규정이 2000년 니스조약에서 선언된 '기본권헌장'보다 후퇴한 것임을 강조한다. 그러나 유럽연합 산하 기구라는 한계로 인해 비준반대운동에 참여하는 것은 아닌데, 매더스는 하이먼을 인용하여 유럽노조연맹이 '이탈리아어를 배울' 필요가 있다고 주장한다.[60)]

---

57) R. Hyman, "European Integration and Industrial Relations: A Case of Variable Geometry?", *Antipode*, July 2001; "Trade Unions and the Politics of the European Social Model", *Economic and Industrial Democracy*, Feb. 2005.

58) A. Martin and G. Ross, "In the Line of Fire: The Europeanization of Labor Representation", in *The Brave New World of European Labor*, *op. cit.*

59) 유럽연합헌법조약 논쟁에 대해서는 윤소영, 『일반화된 마르크스주의 개론』, 공감, 2006을 참조하시오.

또 슐텐은 1998년에 독일금속연맹(IG Metall)과 유럽금속연맹(EMF)이 주도한 단체교섭의 초민족화(유럽화)를 같은 해에 이탈리아제1노총이 유럽노조연맹의 강화 방안으로 제안하자, 2000년에 유럽노조연맹이 이 제안을 수용하면서 마스트리히트조약의 수정을 요구하는 것을 높이 평가한다. 말하자면 자본의 초민족화에 반작용하는 노조의 초민족화를 위한 전략이 단체교섭권을 비롯한 노동3권의 초민족화라는 것이다. 나아가 그는 이런 시도가 성공하기 위해서는 '초민족적 케인즈주의'를 통해 경제정책이 역전될 필요가 있음을 지적하는데, 이를 위해 유럽노조연맹은 마스트리히트조약의 수렴기준과 유럽중앙은행의 통화주의를 비판하면서 물가안정과 경제성장·고용안정을 결합할 것을 요구한다.[61)]

로마조약 50주년을 기념하는 2007년 3월 베를린선언 이후 테크노크라트적 '미니 헌법조약', 즉 기본권헌장 자체를 배제하는 새로운 헌법조약이 예상되자 유럽노조연맹은 이런 시도를 적극적으로 비판한다. 그러나 2005년 비준반대운동 이후 대안세계화운동과 대안좌파가 분열되는 상황에서 미니 헌법조약은 로마조약과 마스트리히트조약을 헌법조약으로 통합하는 것이 아니라 단지 두 조약의 개정 사항만을 규정하는 수정조약, 즉 리스본조약으로 구체화된다. 2007년 7월에 초안이 작성되고 12월에 각국 정상이 서명하는 리스본조약은 기본권헌장을 완전히 배제하는 대신 마스트리히트조약의

---

60) Graham Taylor and Andrew Mathers, "The European Trade Union Confederation at the Crossroads of Change? Traversing the Variable Geometry of European Trade Unionism", *European Journal of Industrial Relations*, Nov. 2004. 가예프스카는 유럽노조연맹이 유럽연합헌법조약 비준반대운동에 후속하는 공공서비스 민영화를 위한 볼켄슈타인 지침 반대투쟁에 참여하는 것에 주목한다. Katarzyna Gajewska, "The Emergence of a European Labour Protest Movement?", *European Journal of Industrial Relations*, March 2008.

61) Thorsten Schulten, "Cross-Border Collective Bargaining Networks in Europe"(with Jochen Gollbach), *European Journal of Industrial Relations*, July 2000; "A European Solidaristic Wage Policy?", *European Journal of Industrial Relations*, July 2002.

개정 사항을 규정하는 1부의 6조에서 기본권헌장이 유럽연합의 다른 조약과 동일한 효력을 갖는다고 언급한다. 리스본조약은 헌법조약이 아니므로 (아일랜드만 빼고 모든 나라에서) 의회에서 비준되는데, 2008년 5월 현재 27개 회원국 중 프랑스를 비롯한 15개국에서 비준이 완료되어 예정대로 내년부터 발효될 것으로 예상된다.[62]

1985-87년 이후 남한 노동자운동의 쟁점

남한에서 전개되는 사회운동노조에 대한 논쟁을 검토하기 전에 먼저 1985-87년 이후에 제기되는 쟁점을 간단하게 정리해두자.[63]

1985년 구로 동맹파업과 1987년 노동자대투쟁은 1988년에 들어와 복수노조의 허용과 민주노조의 합법화, 나아가 교원노조·공무원노조의 합법화를 위한 노동법 개정투쟁으로 발전한다. 그러나 1989년 대통령의 거부권 행사로 노동법 개정은 무산되고 단지 노동주만 48시간에서 44시간으로 단축된다. 동시에 노태우 정부는 문익환 목사의 방북을 빌미로 공안정국으로 전환하는데, 이에 대응하여 1990년에 결성되는 전국노동조합협의회(전노협)는 1991년부터 노동법 개정투쟁을 재개하여 1992년에 국제노동기구의 노동법 개정권고라는 성과물을 쟁취한다.

그러나 1989-91년 현실사회주의의 붕괴에 따른 마르크스주의의 위기가 전개되면서 1991-92년에 인천민주노동자연맹(인민노련)을

62) 리스본조약은 유럽노조연맹이 예상하는 차악의 선택(8번째 선택)과 거의 동일하다. Brian Bercusson, ed., *Manifesto for a Social Constitution: 8 Options for the European Union*, ETUI-REHS, 2007, http://www.etui-rehs.org/research. 1978년에 설립된 유럽노조연구소는 2005년에 유럽노조연구소-연구·교육·건강·안전으로 확대·개편된다.

63) 최영기 외, 『1987년 이후 한국의 노동운동』, 한국노동연구원, 2001; 유범상, 『한국의 노동운동 이념: 이념의 과잉과 소통의 빈곤』, 한국노동연구원, 2005. 한노연은 1988년 노태우 정부 출범 직후에 설립된 정부출연기관인데, 최영기 박사는 이명박 정부가 조기 퇴임시키려는 한노연 소장이고, 유범상 박사는 노동자의힘과 친화성이 있는 한노연 연구위원이다.

중심으로 노동자계급의 독자적 정치세력화를 위해 합법정당을 건설하자는 주장이 제기된다. 이에 따라 1993년에 전노협이 상대화되면서 전국노동조합대표자회의(전노대)가 결성된다. 합법노조와 합법정당의 건설을 지향하는 코퍼러티즘에 대항한 거의 유일한 정파는 당시 김승호 선생을 중심으로 조직된 전국노동운동단체협의회(전국노운협) 다수파인데, 그러나 마르크스주의의 위기에 대해 맹목적인 전국노운협 다수파의 대안은 '전투적(또는 변혁적) 노조주의'라고 불리는 생디칼리즘일 따름이다.64)

1995년에 결성된 민주노총의 초대 지도부를 장악한 국민파는 1998년에 노사정위원회에 참여하여 민주노총·교원노조·공무원노조의 합법화 및 노조의 정치활동 보장과 정리해고제 및 파견근로제를 교환하고 변형근로제는 아주 제한적으로만 수용한다. 민주노총의 요구는 1988년 이후 노동법 개정투쟁에서 제기되어온 요구 사항에 노조의 정치활동 보장을 통한 합법정당의 허용을 추가하는 것이다. 또 자본가단체의 요구는 1989년 노동법 개정투쟁의 성과물인 44시간 노동주에 대응하여 1990년부터 제기되어온 정리해고제·파견근로제·변형근로제(이른바 '3제')의 도입이다.65)

1997-98년 경제위기·외환위기 이후 제1노총으로 부상한 민주노총은 노사정 협상이라는 '제도를 통한 대장정'(최영기)을 시도하지만, 이런 시도는 곧 민주노총의 위기로 귀결된다. 1998년 노사정 협

64) 윤소영, 「한국에서 '마르크스주의의 위기'와 한국사회성격 논쟁」(1992), 『역사적 마르크스주의』, 위의 책. 전국노운협 다수파를 계승하는 전태일을따르는민주노동연구소-사이버노동대학은 아직도 자기비판은 전혀 없이 민주노총·민주노동당의 코퍼러티즘에 대한 비판만 반복하고 있을 따름이다. 김창우, 『전노협 청산과 한국노동운동: 전노협은 왜 청산되었는가?』, 후마니타스, 2007. 참고로, 김상복 선생이 대표하는 전국노운협 소수파는 노동자의힘으로 계승된다.

65) 김영삼 정부는 1995년에 민주노총이 결성되자 이에 대응하여 '신노사관계 구상'을 제시하고 1996년에 노사관계개혁위원회(노개위)를 설치한다. 노개위가 노사정위원회와 동일한 두 가지 요구의 협상에 실패하자 민주노총과 한국노총은 1996년 말부터 1997년 초까지 정부 수립 이후 최초의 총파업투쟁으로 대응한다.

상 직후 민주노총 중앙파·현장파는 대의원 대회에서 국민파를 불신임하고 지도부를 장악한다. 그러나 중앙파·현장파는 노사정위원회의 탈퇴와 진입을 반복하다가 2003년 노무현 정부 출범 직후에 주5일 근무제에 따른 40시간 노동주와 변형근로제를 교환함으로써 국민파가 시작한 노사정 협상을 완성한다. 이렇게 국민파와 중앙파·현장파가 수렴함에 따라 민주노총의 위기가 심화되는 것이다.[66]

사회운동노조 논쟁

남한에서 사회운동노조 또는 사회노조를 명시적으로 표방하는 것은 민주노총 국민파와 친화성을 갖는 한국노동사회연구소(한노사연)다. 한노사연은 처음에 남아공노총(COSATU)을 모델로 설정하다가 최근에는 이탈리아제1노총을 모델로 채택한다. 그러나 남아공노총의 경우에도 그랬던 것처럼, 이탈리아제1노총에 대한 한노사연의 인식에는 오류가 많다.[67]

따라서 국제노동기구 산하 국제노동연구소(IILS) 연구원이자 매사추세츠공과대학(MIT) 교수인 바카로의 이탈리아제1노총과 민주노총의 비교·연구를 먼저 검토해보는 것이 좋을 것이다. 그는 1998년에 국제통화기금(IMF)의 권고에 따라 김대중 정부가 주도한 아시아 최초의 노사정 협상과 1993년 이탈리아 최초의 노사정 협상이 갖는 공통점, 즉 경제위기·위환위기의 발생, 정부의 대중적 토대의

---

66) 민주노총 지도부는 1995년 11월부터 1998년 2월까지 2년 3개월은 국민파, 1998년 3월부터 1999년 9월까지 1년 6개월은 현장파, 1999년 9월부터 2004년 1월까지 4년 4개월은 중앙파, 2004년 1월부터 2008년 5월 현재까지 4년 4개월은 국민파가 장악한다. 국민파를 상징하는 인물은 권영길 의원과 이수호 선생이고, 중앙파를 상징하는 인물은 단병호 위원장이다.

67) 김종법, 『이탈리아 노동운동의 이해』, 한국노동사회연구소, 2004. 현장파와 친화성을 갖는 한국노동이론정책연구소(한노정연)도 현장성 및 정파성의 지양을 특징으로 하는 이탈리아제1노총의 평의회노조에 대해 오해하기는 마찬가지다. 정병기, 「이탈리아 노동운동의 수세기와 새로운 전망(1983년 이후)」, 『이탈리아 노동운동사』, 현장에서미래를, 2000.

취약성, 노총 온건파의 지도부 장악 등을 강조한다. 나아가 그는 민주노총이 노사정 협상을 먼저 제안한 것에 주목하면서 그 이유를 구조조정의 대상이 된 공공부문 노조의 지지에서 발견한다. 그는 노사정 협상이 중단된 이유는 기업별 교섭이 더 유리하다고 판단한 재벌 노조의 반대라고 비판한다. 게다가 위기를 극복한 재벌이 노사정 협상을 사보타주하자 재벌 노조도 이에 동조하여 재벌 개혁을 포기한다고 비판한다. 또 노사정 협상에 대한 지지를 철회하고 반대로 입장을 선회한 공공부문 노조의 기회주의도 비판한다.68)

바카로는 김대중 정부의 경험을 참조하여 재벌 노조를 약화시킬 수 있는 전략을 노무현 정부에게 제안한다. 그는 특히 재벌의 사내외하청망을 고려하여 하청노동자를 대상으로 하는 새로운 노조를 조직할 필요성이 있음을 강조한다. 즉 2006년까지 유예된 기업별 복수노조의 도입을 통해 노동자간 경쟁을 활용하라는 것이다. 그는 미국처럼 다수파 노조가 교섭권을 행사할 수도 있지만, 영국·이탈리아처럼 복수노조가 (함께 또는 따로) 교섭에 참여할 수도 있음을 지적한다. 나아가 비정규직 노조의 결성을 통해 정규직 노조와의 경쟁을 유도하는 것도 그가 제안하는 새로운 전략이다. 그는 또한 민주노총 강경파를 제압하기 위해서는 이탈리아처럼 활동가로 구성되는 대의원대회를 일반노조원의 직접투표제(referendum)로 대체하는 '노조 민주화'라는 전략을 도입할 필요가 있음을 지적한다. 그러나 그가 이탈리아처럼 노총에 중앙교섭권을 부여하라는 제안은 하지 않는다는 데 특히 주목할 필요가 있다.69)

나아가 바카로는 고통분담 또는 양보교섭을 위한 노사정 협상의

---

68) L. Baccaro and Sang-Hoon Lim, "Social Pacts as Coalitions of the Weak and Moderate: Ireland, Italy and South Korea in Comparative Perspective", *European Journal of Industrial Relations*, March 2007.

69) L. Baccaro and Chang-Hee Lee, "Strengthening Industrial Relations and Social Dialogue in the Republic of Korea", ILO, Nov. 2003, http://web.mit.edu/baccaro/www/ (이창휘 박사는 1991년 서울사회과학연구소(서사연) 사건의 당사자 중 한 사람이다). 또 임상훈, 「노사정위원회를 둘러싼 노·사·정의 전략과 활동 전망」, 『동향과 전망』, 2003년 봄도 참조.

제도화, 즉 사회적 제휴·공조(concertation)를 제안하는데, 이것이 남한에서 보통 사회적 합의라고 불리는 것이다. 그러나 그는 기존의 코퍼러티즘적 노사정 협상의 한계를 지적하면서 여기에 사회운동, 즉 시민단체·여성단체·청년단체·장애인단체·소비자협동조합 등을 포함하는 사례에 주목한다. 그는 이렇게 직접민주주의(사회운동)를 포섭하여 대표제(노사정 협상)를 강화하는 것을 '연합민주주의' 또는 '참여통치성'이라고 부른다.70)

이런 맥락에서 한노사연의 김유선 소장이 노무현 정부에 들어와 민주노총 지도부를 다시 장악한 국민파를 대변하여 노사정 협상을 통해 비정규직 차별을 철폐하자고 주장하는 이유를 알 수 있다. 그는 이를 실현하기 위한 조건으로 임금인하·정리해고 같은 '수량적 신축화'가 아니라 도요타주의 같은 '기능적 신축화'를 제시한다. 나아가 그는 노사정 협상을 통해 하후상박의 연대임금, 즉 이탈리아 제1노총이 주장한 바 있는 정액임금인상제 또는 심지어 제2노총이 주장한 바 있는 차등임금인상제를 실현할 수 있다고 주장한다. 그러나 이런 주장은 이탈리아 노총의 경험에 대한 왜곡인데, 노사정 협상의 조건이 바로 연대임금의 폐지이기 때문이다. 게다가 노무현 정부가 집권 직후 '사회통합적 노사관계'라는 공약을 '노사관계 선진화방안(로드맵)'으로 대체함으로써 노사정위원회를 상대화하려는 정세에 대한 오판도 존재한다.71)

한노사연에 대해 나름대로 일관된 비판을 제시해온 사람은 민주노총 중앙파와 친화성을 갖는 진보신당 정책위원장 노중기 교수다.

---

70) L. Baccaro, "The Political Economy of Social Concertation", Dec. 2006, http://web.mit.edu/baccaro/www/. 콜·라스키 같은 좌파 페이비언주의자로부터 유래하는 연합민주주의·참여통치성 개념은 특히 포스트알튀세르주의자 허스트가 주장한 바 있다. Paul Hirst, *Associative Democracy: New Forms of Economic and Social Governance*, Polity, 1994.

71) 김유선, 『한국노동자의 임금실태와 임금정책: 민주노총 임금정책 방향』, 후마니타스, 2005; 『한국의 노동 2007』, 한국노동사회연구소, 2007. 참고로, 한노사연 초대 소장인 김금수 선생은 2003-06년에 노사정위원회 위원장을 역임한 바 있다.

그는 김영삼 정부의 노개위부터 김대중·노무현 정부의 노사정위원회까지의 기간에 국민파가 추구한 코퍼러티즘을 비판하면서 그 대안으로 사회운동노조주의를 제시한다. 그러나 그는 워터먼에 대한 니어리의 비판을 수용하는 동시에 로빈슨의 사회운동노조 개념을 수용하면서 전노협의 전투적 노조주의를 특징짓는 민주성·자주성을 연대성·변혁성과 결합하자고 제안할 따름이다. 게다가 그의 '종속적 신자유주의 노동체제[노사관계]' 개념은 신자유주의적 금융세계화와 정책개혁에 대한 마르크스주의적 분석을 결여하고 있고 또 그가 주장하는 사회운동노조도 대안세계화운동과는 무관하다.[72]

민주노총 현장파의 핵심이라고 할 수 있는 노동자의힘과 친화성을 갖는 박미 씨는 민주노총이 1997-98년 경제위기·외환위기를 계기로 사회운동노조에서 코퍼러티즘적 사회노조, 심지어 실리노조로 변모한다고 비판한다. 그러나 이런 비판은 사회변혁과 코퍼러티즘 사이에서 사회운동노조가 경험하는 딜레마가 결국 노조 자체의 모순에서 기인하는 것이므로 트로츠키주의적 전위당의 지도가 필요하다는 주장으로 귀결될 따름이다.[73]

노동자의힘과 함께 남한 트로츠키주의의 양대 정파를 구성하는 다함께와 친화성을 갖는 정성진 교수는 한국학술진흥재단의 지원으로 '대안세계화운동의 이념에 대한(…)최초의 대규모 장기 국제공동연구'를 주도한다. 그러나 그는 네그리주의 및 개방적 마르크스주의 대신 캘리니코스 식의 트로츠키주의를 대안으로 제시할 따름이다. 게다가 그는 무디의 사회운동노조가 '글로벌 상품 사슬', 즉 초민족자본의 국제하청망에 대한 분석으로 부하린의 제국주의론('민족적

---

72) 노중기, 「고도성장 이후 노동운동의 전환과 과제」, 『경제와 사회』, 2006년 봄; 「민주노조운동 20년과 사회적 합의주의」, 『동향과 전망』, 2007년 가을·겨울; 「노동체제 전환기의 노동운동 발전전략에 관한 연구: 사회운동 노동조합주의를 중심으로」, 『경제와 사회』, 2007년 겨울. 이 논문들은 모두 노중기, 『한국의 노동체제와 사회적 합의』, 후마니타스, 2008에 재수록되어 있다.

73) Mi Park, "South Korean Trade Union Movement at the Crossroads: A Critique of 'Social-Movement' Unionism", *Critical Sociology*, Jan. 2007.

국가독점자본주의의 세계체계론')을 대체한다고 비방한다. 사회운동노조에 대한 그의 인식의 오류는 그 기원이 1995년 프랑스 공공부문 파업투쟁과 1996-97년 민주노총의 노동법 개정 반대투쟁이라는 주장에서도 그대로 드러난다.[74]

반면 같은 프로젝트에 참여하고 있는 정진상·장상환 교수 등은 정성진 교수가 준거로 하는 사회주의노동자당을 비판하면서 오히려 아탁과 공산주의재건당의 경험을 높이 평가하고 있다. 그러나 이들에게도 실업사운동을 평의회운동의 사례로 평가하는 것 같은 오류가 많다.[75] 또 재외 트로츠키주의자 장대업 교수는 대안세계화운동의 핵심 이념으로서 워터먼의 사회운동노조에 주목한다. 그러나 그는 최근 워터먼이 새로운 사회운동에 경도되는 것을 비판하면서 니어리의 입장에 동조할 따름이다.[76]

민주노동연구소와 친화성을 갖는 새흐름은 민주노총의 국민파·중앙파·현장파의 수렴을 비판하면서 사회변혁적 노동운동을 위해 노조·정당·사회단체를 포괄하는 활동가네트워크를 결성하자고 제안한다. 새흐름은 한노사연과 마찬가지로 차등임금인상제를 주장하면서도 한노사연과 달리 노사정 협상은 전략이 아니라 전술로서만 고려되어야 한다고 주장하기도 한다. 그러나 막상 민주노동연구소는 개방적 마르크스주의를 거쳐 최근에는 리보위츠와 '불장난'을 하고 있는 것 같다.[77]

마지막으로, 사회진보연대는 2006년 연구교육사업활동을 보고하면서 대안세계화운동에 적합한 정치이념이 '아직까지 제대로 복구

---

74) 정성진 외, 「대안세계화운동의 이념」, in *Ideas and Strategies in the Alterglobalization Movements*, Institute for Social Sciences, Gyeongsang National University, 23 May 2008.

75) 정진상·장상환 외, 「대안세계화운동의 조직과 전략」, 같은 책. 민주노동당 진보정치연구소 소장을 역임한 장상환 교수는 진보신당에 합류한다. 또 정진상 교수는 민주노동당의 서울대폐지론을 입안한 바 있다.

76) Dae-oup Chang, "Social Movement Unionism and Struggles at Value-fronts", in *ibid.*

77) 새로운 흐름을 만들어 가는 금속노동자들, 『새로운 실천을 꿈꾸며: 노동운동의 발전과 미래를 고민한 글 모음』, 2006년 7월.

되었다고 보기 힘들다'고 평가하고 사회운동노조에 대해 거리두기를 시도한다.[78] 이런 시도는 민주노동연구소와 노동자의힘의 영향 아래 2007-08년 사회운동포럼과 노동운동포럼에서 사회운동노조를 상대화 내지 폐기하고 사회변혁적 노동운동을 채택하는 것으로 귀결된다. 이 두 포럼은 노동·사회운동활동가네트워크의 결성을 목적으로 하는 것인데, 사회진보연대의 이런 지향과 친화성을 갖는 사례는 아마도 매더스가 주목하는 유럽행진일 것이다.[79]

'노동시간 단축을 통한 일자리 나누기' 비판

1997-98년 경제위기·외환위기 이후 민주노총이 지속적으로 주장하고 있는 노동시간 단축을 통한 일자리 나누기에 대한 비판에 대해서도 간단하게 보충해두자.[80]

우선 마르크스적 의미에서 노동시간 단축이란 노동주 단축이 아니라 노동일 단축이라는 사실을 강조할 필요가 있다. 바소에 따르면, 8시간 노동일은 1917년 러시아혁명과 1918년 독일혁명 이후 미

78) 『2007 사회진보연대 정기총회 자료집』, 2007년 3월 1일. 사회운동노조에 대한 사회진보연대의 인식은 본래 워터먼이 아니라 무디에게 근거하는데, 무디의 번역본에 붙인 역자 해설은 사회운동노조가 국내외하청으로 인한 '노동의 불안정화'에 대응하여 원·하청노동자의 행동통일을 조직하는 동시에 새로운 사회운동과 연대하여 공공성을 쟁취하는 전략이라고 주장한다. 킴 무디, 『신자유주의와 세계의 노동자』(1997), 문화과학사, 1999. 나아가 사회진보연대는 노동의 불안정화의 핵심이 '불안정노동자'로서 비정규직이라는 인식에 따라 2002년에 노동자의힘과 공동으로 전국불안정노동철폐연대를 결성하는데, 철폐연대는 한노정연과 비슷하게 전위지향적인 활동가의 교육·선전사업을 통해 비정규직 철폐라는 과제를 '중심에 놓는' 산업별 노조를 건설해야 한다고 주장한다. 철폐연대, 『신자유주의에 맞서는 노동운동: 불안정노동 철폐를 위하여』, 사회운동, 2005.

79) 사회운동포럼 조직위원회, 『소통/연대/변혁 사회운동포럼』, 2007년 8월 30일-9월 2일; 노동운동포럼 조직위원회, 『소통/연대/변혁 노동운동포럼 자료 모음집』, 2008년 5월 16-17일.

80) 신보수주의적인 '대량실업'(정리해고)에 대한 차악의 선택으로서 신자유주의적인 '실업의 조직화'(비정규직화)에 대한 비판은 윤소영, 『이윤율의 경제학과 신자유주의 비판』, 공감, 2001을 참조하시오.

국과 유럽에서 도입되는 반면, 주5일 노동에 따른 40시간 노동주는 2차 세계전쟁 이후 미국과 1960년대말 이후 유럽에서 도입된다. 그러나 40시간 노동주는 진정한 의미에서 노동시간 단축이 아닌데, 1970년대 이후 미국에서 도요타주의의 수입에 따라 법인자본의 수직통합이 해체되면서 노동시간이 연장되고, 1990년대 이후 유럽에서도 화폐동맹이 추진되면서 동일한 현상이 출현하기 때문이다.[81)]

게다가 미국과 유럽으로 수입되는 도요타주의는 이주노동자를 활용함으로써 원청노동자와 하청노동자, 정규직과 비정규직의 구별을 해체하는 방향으로 극단화된다. 예를 들어 1996년에 설립된 폴크스바겐의 브라질 공장은 연구개발·디자인·품질관리·마켓팅 이외의 모든 직무, 즉 생산직 전체를 사내하청으로 전환하는 '꿈의 공장'을 발명하는데, 이렇게 변모된 도요타주의가 미국이나 유럽으로 수입된다는 것이다.[82)] 게다가 새로운 도요타주의는 장기불황에 빠진 일본으로 역수입되기도 한다.[83)]

바소의 이런 관찰을 위에서 제시한 마르크스의 임금론으로 설명할 수 있다. 즉 원·하청노동자간 경쟁, 나아가 정규직·비정규직노동자간 경쟁을 특징짓는 임금 격차는 절대적 잉여가치의 생산과 상대적 잉여가치의 생산을 결합하는 임금률의 작용과 관련되는 저임

---

81) Pietro Basso, *Modern Times, Ancient Hours: Working Lives in the Twenty-first Century* (1998), Verso, 2003.

82) 특히 1980년 정리해고 반대투쟁에서 노조를 패퇴시킨 피아트는 노조를 배제하기 위한 전략으로 숙련공에 의한 반숙련공의 대체, 나아가 컴퓨터·로보트에 의한 자동화를 시도하지만 결국 실패하고 1997년에 도요타주의를 채택하면서 노조의 포섭을 다시 시도한다.

83) 19세기 미국에서 출현하는 사내하청은 20세기에 들어와 법인자본의 '내부노동시장'으로 변모한다. 반면 20세기 일본에서 출현하는 사외하청은 미국의 슬론주의처럼 수직통합을 실현할 수 없는 도요타주의의 후진성을 상징한다. 윤소영, 『일반화된 마르크스주의 개론』, 위의 책. 참고로, 남한 자본주의·계급구성의 특수성을 종속성·하청제와 관련하여 분석한 바 있는 조희연 교수는 1980년대 초에 이미 사내하청이 사외하청과 결합되기 시작한다는 사실에 주목하고 있다. 조희연, 「하청관계와 노동자의 내부구성과 실태에 관한 조사 연구: 대자본, 중소자본, 소생산자, 가내노동자의 질적 관계를 중심으로」(1985), 『계급과 빈곤』, 한울, 1993.

금·장시간·고강도노동 때문인 것이다.[84] 따라서 경제투쟁을 넘어서는 노조의 정치투쟁은 임금 격차를 축소하는 연대임금을 위한 이행강령을 제기해야 한다. 연대임금은 원청·정규직노동자라는 '노동귀족'에게 '노블레스 오블리주'에 따라 자신의 임금을 희생하라고 설득하는 '도덕적 비판'과는 아무런 관계도 없다.[85]

이런 관점에서 볼 때 노동일이 아니라 노동주를 단축함으로써 일자리를 창출하고 비정규직을 정규직화한다는 것은 아예 불가능한 일이다. 1990년대 독일과 프랑스의 경험은 35시간 노동주가 변형근로제(노동시간의 신축화를 상징하는 노동년제)와 결합함으로써 오히려 임금 격차의 확대, 나아가 임금의 개별화(임금의 신축화를 상징하는 연봉제)로 귀결된다는 것을 입증한다. 이 때문에 민주노총이 2003년에 40시간 노동주와 변형근로제에 합의한 것은 1998년에 정리해고제와 파견근로제에 합의한 것 못지않은 실책이라고 할 수밖에 없다.

2008. 5.

---

84) 참고로, 13세기 영국 성인 남성농민의 노동년은 12시간 노동일×135일=1620시간이다. 그러나 상품교환이 발전함에 따라 시간은 탈자연화·사회화되고 탈종교화·세속화되어 '시계시간'으로 측정된다. 또 노동력이 상품화되고 기계제대공업이 출현하면서 노동이 자본에 의해 실질적으로 포섭됨에 따라 시계시간은 '기계시간'(마르크스)으로 실현된다. 그 결과 1840년 영국 전노동자의 노동년은 69시간 노동주×45주=3105시간, 1850년 미국 전노동자의 노동년은 70시간 노동주×45주=3150시간으로 2배 가량 연장된다. 1987년 미국 전노동자의 노동년은 1949시간, 1988년 영국 제조업노동자의 노동년은 1856시간으로 단축되지만, 그러나 노동시간의 이런 단축은 노동강도의 상승을 고려해서 재평가되어야 한다. *Ibid.*

85) 게다가 노동자간 경쟁에 따른 임금 격차는 임금률의 결정 메커니즘이라는 경제법칙의 현실적 작용으로 설명해야 하는 것으로, '일중독'이나 소비자주의 같은 사회학적 문화주의에 따라 구성적·가상적으로 설명할 수는 없다. *Ibid.* 참고로, 마르크스가 '프루동화된 슈티르너주의자' 또는 '최후의 바쿠닌주의자'라고 놀리던 그의 둘째 사위 라파르그는 자신의 기질적 아나키즘에 따라 노동에 대한 노예·문명인의 권리가 아니라 여가에 대한 자유인·유목민의 권리를 주장함으로써 아나코-생디칼리즘의 사상적 원조가 된다. 폴 라파르그, 『게으를 수 있는 권리』(1880/83), 새물결, 1997.

사회진보연대 활동가 여러분께

『일반화된 마르크스주의와 대안좌파』의 사회진보연대 비판(서문 및 39쪽)에 대해 게시판 '삶의소리'(4월 12일 게시, 17일 최종 수정)에서 최원 씨가 몇 가지 반비판을 제기한 바 있습니다. 최원 씨의 반비판에 대해 재비판하면서 지난 2년 동안 과천연구실이 사회진보연대에 대해 제기해왔던 한두 가지 비판을 다시 한번 개진하겠습니다. 4월 21일 토론회에 직접 참석하는 것이 마땅한 일이겠지만, 그러나 『일반화된 마르크스주의와 대안좌파』의 후속작인 『일반화된 마르크스주의와 대안노조』를 집필중인 관계로 윤종희 씨와 박상현 씨가 대신 참석하여 과천연구실의 입장을 부연하도록 하겠습니다. 아무쪼록 널리 양해해주시기 바랍니다.

1

우선 서문에서 언급한 소장 교수는 백승욱 교수가 맞지만, 그러나 인터넷 논객은 최원 씨가 아니라 진태원 씨라는 점을 밝혀둡니다. 이는 서문에서 지적한 4권의 연구노트를 읽어보신 분은 쉽게 짐작하실 수 있는 일입니다. 또 올해 말에 『일반화된 마르크스주의 세미나』로 출판할 2007년 5월 말 고려대학교 대학원 총학생회 20주년 기념 특별강좌에 참석하신 분도 이미 잘 알고 계실 것입니다. 일반화된 마르크스주의에 대한 진태원 씨의 비판은 변증법·모순론을 폐기해야 한다는 것이며('헤겔 즉 스피노자' 또는 심지어 데리다적 종말론이라는 의미에서 '마르크스의 유령'), 백승욱 교수의 비판은 마르크스의 동역학을 브로델의 동역학(결국 스미스의 동역학)으로 대체해야 한다는 것입니다. 그러나 나는 변증법·모순론 없는 경제학 비판(역사과학)과 이데올로기 비판(인권의 정치)은 불가능하며, 마르크스가 아니라 브로델의 동역학으로는 2010년대로 예상되는 미국자본주의의 최종적 위기는 물론이고 2007-08년 세계적 금융위기도 분석할 수 없다고 생각합니다.

따라서 내가 염두에 둔 인터넷 논객이 자신이라고 예단한 것은 최원 씨의 착각이지만, 그러나 그가 제기한 일반화된 마르크스주의 비판에 대해서도 간단하게 반비판해보겠습니다. 우선 『역사적 마르크스주의: 이념과 운동』에서 상세하게 설명한 대로, 정당적 마르크스주의에 대한 사회운동적 마르크스주의의 비판은 전위당·국유화 노선에 대한 비판으로 집약되는 것입니다. 아울러 최원 씨의 주장과는 반대로 이 책의 정치적 결론에 해당하는 9장 전체는 사회운동적 정당으로서 이탈리아 공산주의재건당을 비롯한 유럽 공산당들의 경험을 검토하고 있음을 지적하고 싶습니다. 최원 씨는 기존의 전위당 노선을 아르네케르 식의 전위당(정당좌파와 사회운동좌파의 결합으로서 '집합전위') 노선으로 대체하면서 국유화('공공성') 노선 대신 의회민주주의('대표제') 노선을 강조하는데, 아무튼 그는 정당적 마르크스주의를 옹호하는 입장인 것 같습니다. 최원 씨는 자신이 주장하는 의회민주주의 노선의 근거를 발리바르의 글에서 찾지만, 그러나 그가 인용한 곳에서 발리바르는 직접민주주의('봉기')와 의회민주주의('구성')의 결합을 주장할 따름입니다. 게다가 문맥상 이런 결합은 후자가 아니라 전자의 우위를 함의한다고 해석할 수 있습니다. 만일 최원 씨가 해석하는 대로 발리바르가 "대의 제 민주주의를 기본으로 직접민주주의의 요소를 활용"하자고 주장한다면, 발리바르는 이미 마르크스주의자가 아니라 자유민주주의자 내지 사회민주주의자인 셈인데, 그런 해석은 너무 자의적입니다.

사소한 문제 한두 가지만 더 지적하겠습니다. 우선 최원 씨는 『마르크스의 '경제학 비판'과 평의회 마르크스주의』에서 내가 알튀세르에 대한 발리바르의 비판을 거꾸로 옹호로 해석했다고 주장하지만, 그러나 이는 1978년 '알튀세르 논쟁'의 맥락에 대한 최원 씨의 오해일 따름입니다. 이 논쟁은 최원 씨가 주장하는 것처럼 "알튀세르-발리바르 논쟁"이 아니라 오히려 알튀세르를 비롯해서 그를 옹호하는 발리바르·브뤼노프 등과 그를 비판하는 이탈리아공산당 이론가들 사이의 논쟁인데, 관련 논문들(*Dialectique* 또는 *Den Staat diskutieren*)을 참조하십시오. 물론 발리바르가 '국가 외부의 정당'이라는 알튀세르의 입장에 이견을 제출하지만, 그러나 이는 알튀세르의 '극한적·한계적 사고'에 대한 발리바르의 정정이라고 해석하는 것이 옳을 것입니다(이런 사례는 경제법칙론과 관련해서도 발견됩니다). 어쨌든 최원 씨가 주장하는 알튀세르와 발리바르의 '절단'의 근거는 국가와 정당, 결국 이데올로기에 대한 알튀세르의 입장을 발리바르가 비판한다는 데 있지만, 그러나 「비동시대성」에서 알 수 있듯이 발리바르의 이데올로기론을 알튀세르의 이데올로기론과의 절단으로 해석하는 것은 너무 자의적입니다. 아울러 사족이라는 생각이 들면서도, 알튀세르와 발리바르의 이데올로기론의 차이는 이미 1991년에 서울사회과학연구소(서사연) 기관지 『현실과 과학』 10집에서도 지적된 바 있으며, 지난 10여년간 과천연구실의 작업에서도 줄곧 주목되어왔음을 지적하고 싶습니다. 또 최원 씨도 인정하는 대로, 이번에 그가 서관모 교수의 도움을 받아 펴낸 『대중의 공포』의 본론에 해당하는 주요 논문들도 스피노자 논문만을 제외하고 모두 1990년대 초에 서사연과 과천연구실에서 번역한 것을 토대로 했음을 지적하고 싶습니다(그런데 서관모 교수가 최원 씨의 '역자 해제'에 반대했다는 것은 공공연한 비밀입니다).

최원 씨는 스피노자-마르크스주의, 즉 생산양식과 주체화양식의 결합이라는 '철학적' 의미에서의 일반화된 마르크스주의와 "과천 식으로 이해된 일반화된 마르크스주의"는 구별되어야 한다고 주장하는데, 지당하신 말씀입니다. 과천연구실의 작업은 스피노자-마르크스주의에서 시작된 것이지만, 그러나 '과학적·정치적' 의미에서의 일반화된 마르크스주의를 실현한 것은 지난 10여년 동안 생산된 과천연구실의 성과이기 때문입니다. 내가 알기로, 『일반화된 마르크스주의 개론』과 『역사적 마르크스주의: 이념과 운동』에서 제시된 바 있는 경제학 비판(역사과학)과 이데올로기 비판(인권의 정치)의 결합이라는 의미에서의 일반화된 마르크스주의는 발리바르를 포함해서 그 누구도 제시한 적이 없는 과천연구실의 고유한 성과입니다. 아울러 "과천 식으로 이해된 일반화된 마르크스주의"에 적합한 철학은 앞서 언급한 연구노트에 번역된 발리바르의 최근 논문에서도 강조되는 대로 더 이상 스피노자-마르크스주의가 아니라 헤겔-마르크스주의라는 점도 지적하고 싶습니다.

나는 백승욱 교수나 진태원 씨가 나름대로 '정직하고 신중한' 연구자라고 생각하며, 또 각자의 영역에서 자신의 연구 성과를 발표할 수 있는 권리가 있음을 부정하려는 생각도 없습니다. 그러나 두 사람의 연구가 ("과천 식으로 이해되든" 아니든 간에) 마르크스주의의 재건에 기여하는 것은 아니라고 생각합니다. 게다가 그들이 제기하는 비판은 사회학과나 철학과 대학원 세미나의 주제로나 적합한 것이지, 사회진보연대 활동가가 관심을 가질 만한 주제는 아니라고 생각합니다. 반면 나는 최원 씨의 비판에는 마르크스를 따라 알튀세르와 발리바르가 강조하는 정직성과 신중성, 베르티노티 식으로 말하자면 정치문화('시빌리테')가 결여되어 있다고 생각합니다. 나는 '잘못된 해석과 인용도 불사하는'(엥겔스) 최원 씨와의 논쟁이 '전혀 즐겁지 않은 쓸모 없는 짓'(마르크스)일 따름이라고 생각하는데, 이는 다함께와 친화성을 갖는 정성진 교수의 "일관된 비판"에 대해 반비판하는 것이 감정과 시간의 낭비일 뿐이라고 생각하는 것과 마찬가지입니다. 게다가 마르크스주의적 '국가소멸론'과 아나키즘적 '국가폐지론'에 대한 혼동, (공산주의 재건과 대안좌파 건설의) '원칙의 문제'가 아니라 (인민주의적 반정치의 위험에 대응하는) '정세의 문제'로서 의회민주주의에 대한 혼동은 마르크스주의에 대한 최원 씨의 소양에 의문을 갖게 만드는데, 이 점에서 그의 비판은 정성진 교수의 비판에도 미달하는 것입니다.

2

이런 맥락에서 『일반화된 마르크스주의와 대안좌파』의 서문에서도 지적한 것처럼, 사회진보연대의 일부 신세대 활동가의 행태를 보면서 우려를 금할 수 없습니다. 잘 아시는 대로, 2007년 총회를 전후하여 과천연구실 연구원들이 사회진보연대에서 집단 탈퇴하면서 이에 대한 문제를 제기한 바 있으며, 또 2008년 총회를 전후해서도 기관지 편집 및 게시판 운영 등과 관련해서 좀 더 구체적인 문제를 제기한 바 있습니다. 『일반화된 마르크스주의와 대안좌파』 39쪽에서 프랑스 아탁의 경험을 원용하여 지적한 것처럼, 96학번 이후 일부 활동가가 피디적 정체성을 상실한 채(아니면 아직 영유하지 못한 채), '정파조직'보다는 '사회포럼'을 지향하는 것은 아주 걱정스러운 일입니다. 특히 어떤 활동가는 사회진보연대를 '활동가·대학원생네트워크'로 변모시키려고 노력한 바 있는데, 지난 몇 년간 노정된 바 있는 『사회운동』의 난맥상이 이에 대한 직접적 증거입니다. 또 다른 어떤 활동가가 신자유주의적 노동정책개혁의 선봉인 국제노동기구(ILO) 산하 국제노동연구소(IILS)에서 연수한 이후 별 문제없이 복귀하여 여전히 '동지'로 환대 받는 것도 쉽게 이해할 수 없습니다. 이 때문에 사회진보연대에 대해 제기되는 '사회인의 『학회평론』 그룹' 또는 '좌파 참여연대'라는 비판도 어쩌면 당연한 일일 것입니다.

이에 과천연구실은 사회진보연대 활동가 여러분께 다음과 같은 두 가지 질문을 제기하는 바입니다.

첫째, 현재의 국내외 정세에 대한 사회진보연대의 인식은 무엇입니까? 2010년대로 예상되는 미국자본주의의 최종적 위기와 2007-08년 세계적 금융위기, 1997-98년 경제위기·외환위기 이후 지속되는 남한자본주의의 장기불황, 또한 민주노동당과 진보신당의 분열 및 민주노총의 만성적 위기를 포함하는 세계적 규모에서의 좌파의 위기에 대해 과학적·정치적으로 분석할 준비가 되어 있습니까?

둘째, 안이한 정세 인식으로 인해서 활동가·대학원생네트워크나 사회포럼을 지향하는 일부 신세대 활동가의 '포스트아나키스트적 기질'이 조장되는 것은 아닙니까? 민주노총을 비롯해 민주노동당·진보신당 같은 정당조직, 노동자의힘·다함께·민주노동연구소-사이버노동대학 같은 정파조직과 비교해 자신의 위상과 성격을 어떻게 인식하고 있습니까?

잘 아시는 대로, 1998년 출범을 전후해서 인연을 맺은 후 과천연구실은 줄곧 사회진보연대를 피디적 정파조직으로 생각해왔습니다. 따라서 이제 사회진보연대가 활동가·대학원생네트워크나 사회포럼을 지향한다면, 과천연구실은 일체의 공식적·비공식적 관계를 청산할 수밖에 없을 것입니다. 이번 총회에서 심의·의결된 「사회진보연대 10년 평가와 과제」가 호가호위하는 허장성세가 아닐 것으로 믿으면서, 활동가 여러분의 정직하고 신중한 답변을 기다리겠습니다.

2008. 4. 20.
과천연구실을 대표하여
윤소영 드림

대안노조의 모델로서 사회운동노조 개념*)

피터 워터먼

서론: 변화된 세계를 위한 변화된 노조주의

지난 몇 년 동안 '사회운동노조' 개념을 둘러싸고 비공식적이고 또 부분적으로는 비공개적인 논쟁이 전개되어 왔다(Lambert, 1989; Lambert & Webster, 1988; Munck, 1988; Scipes, 1992; Webster, 1987). 논쟁과 관련되는 문헌들은 전통적인 노조, 특히 사회주의노조와 인민주의[민족주의]노조의 이론과 전략을 비판한다. 논쟁의 참가자는 모두 오래된 관념이 초래한 종속, 조작, 고립, 곤경으로부터 노조가 탈출할 수 있도록 도울 수 있을 새로운 이론과 전략을 개발하는 데 관심을 가져 왔다. 나(Waterman, 1991a)는 이미 이 논쟁을 정리한 적이 있기 때문에, 여기서는 내 입장을 경제적으로 또

---

*) Peter Waterman, "Social-Movement Unionism: A New Union Model for a New World Order?", *Review*, Summer 1993. 이 논문의 이문(異文)은 Waterman (1999a)인데, 필요한 경우에는 수정된 부분을 적시할 것이다. 또 이 논문의 초역으로는 피터 워터먼, 「사회운동적 노조주의: 새로운 세계질서를 향한 새로운 노동조합 모델」, http://blog.naver.com/fallsky77/70022488812를 참조할 수 있다.

긍정적으로 개진하고자 한다. 이것은 어려운 일인데, 첫 번째 이유는 내 입장 자체가 다른 이들의 입장을 종합하면서 세계적인 경험과 반성에 의존하기 때문이다. 두 번째 이유는 내가 자신의 종합에 결코 만족하는 것이 아니기 때문이다. 나는 다른 이들이 더 세련되고 더 체계적인 방식으로 이런 작업을 할 수 있을 것으로 확신한다. 아마도 나의 시론이 그들이 그렇게 하도록 격려 또는 자극할 것이다.

사회운동노조 개념의 의도는 현재 우리가 살고 있는 세계에 대한 관련성과 적합성에 있다. 자본주의적, 기술적, 국가적, 군사적, 제국주의적, 가부장제적 형태와 권력의 극적인 확대와 동시에 극적인 변화로 점점 더 특징지어지는 세계 말이다. 또 (그 결과로서) 이른바 새로운 사회운동, 즉 종교운동, 민족운동, 노동자운동 같은 오래된 사회운동에 평행하는 페미니즘, 생태주의, 평화주의, 인권운동 같은 새로운 사회운동의 출현에 의해 특징지어지는 세계 말이다.

변화를 인정하는 이들 중에서조차 이런 새로운 상황에 대해 상이한 반응이 존재해 왔다. 어떤 이의 반응은 자본주의의 중심성과 자본-[임]노동간 모순의 우위를 다시 주장하는 것이었다.[1] 반면 또

1) 이런 입장을 재천명하는 중요한 경우는 아리기(Arrighi, 1990)다. 내 논문과 마찬가지로 극적으로 변화하고 있는 자본주의 세계체계에서 노동의 역할을 대상으로 하고 있는 이 논문은 많은 점에서 마르크스주의 경제학의 고전적 사례라고 할 수 있다. 그러나 프롤레타리아적 발전의 정치적 함의를 검토하면서 아리기가 도출하는 마르크스주의에 대한 결론에는 문제가 있다. 폴란드 연대노조에 대한 그의 논평은 다음과 같다. "상황의 아이러니는 마르크스주의적 조직[정당]에 반대하여 투쟁하면서 연대노조가 의식하든 못하든 다른 어떤 마르크스주의적 조직보다도 더 엄밀하게 [『공산주의자 선언』에서 제시된] 혁명적 전위에 대한 마르크스의 처방을 준수해 왔다는 것이다. 연대노조는 첫째 기존의 노동자계급 정당에 대립하는 정당의 건설, 둘째 세계 프롤레타리아와 분리된 자기 자신만의 이익의 추구, 셋째 프롤레타리아 운동을 형성하는 종파주의적[·교조주의적] 원리의 구성을 자제해 왔던 것이다"(Arrighi, 1990: 92). 그러나 "또 다른 현재의 프롤레타리아적 투쟁의 경험, 무엇보다도 남아공의 경험과 함께 그것은 노동자운동의 미래를 구상하면서 마르크스적 도식에 과도하게 의존하는 것에 대해 경고한다. 왜냐하면 한 가지 중요한 측면에서 마르크스

다른 이의 반응은 우리 시대를 포스트자본주의적, 포스트산업적, 포스트마르크스주의적, 포스트역사적, 포스트모던 시대로 간주하면서 새로운 사회적 주체, 동일성, 운동이 노동자계급(또는 다른 계급)을 대체한다고 간주하는 것이었다. 제3의 반응은 노동에 대한 이해, 따라서 노동자운동의 역할을 다시 개념화하고 확장하는 것이었다. 나는 처음 두 입장이 제시하는 양자택일적 선택을 좋아하지 않는데, 그 대체적인 이유는 인간의 많은 경험과 저항을 종속시키

적 도식 자체가 여전히 심각한 결함을 갖고 있기 때문이다. 세계 프롤레타리아의 사회적 동일성을 구성하는 데서 자연적이고 역사적인 특수성, 예를 들어 연령, 성, 인종, 민족, 종교가 하는 역할을 검토하는 방식에서의 결함 말이다.(…)자본이 노동을(…)무차별적인 대중으로 취급하려는 성향을 보일 때마다 프롤레타리아는 반역해 왔다. 거의 항상 프롤레타리아는 판별적인 특징(…)의 임의의 결합을 새롭게 채택하거나 창조하고, 그것을 이용하여 자본에게 모종의 특별 취급을 강제할 수 있었다. 그 결과 가부장주의, 인종주의, 민족쇼비니즘은(…)세계노동자운동의 형성에 필수적인 것이 되었고, 대부분의 프롤레타리아 이데올로기 및 조직 내부에서 모종의 형태로 생존하고 있다."(Arrighi, 1990: 93-4) 결론적으로 아리기는 세계 프롤레타리아 중 전통적으로 취약했던 부문[즉 그런 이데올로기와 조직에 의해 억압되었던 부문]의 사회적 세력의 증가가 그것에게 권력을 부여하고, 그런 한도에서 "세계의 사회주의적 변혁을 위한 단계가 개시될 것이다"(Arrighi, 1990: 94)라고 희망한다. 나(Waterman, 1991b)는 이런 주장에 대해 상세하게 검토한 바 있기 때문에, 여기서는 마르크스주의적 공백에 대해 긍정적인 방식으로 재인식하려는 나의 포부에 대해서만 진술할 것이다.

[그러나 사회운동으로서 노동자운동의 19세기적 전통의 부활을 호소하는 아리기의 입장과 워터먼의 입장이 그렇게 다른 것 같지는 않다. G. Arrighi, "Workers of the World at Century's End", *Review*, Summer 1996 (국역: 『마르크스의 '경제학 비판'과 평의회 마르크스주의』, 공감, 2002). 참고로, 아리기는 생산구조·노동과정 및 노동력의 사회적 구조와 관련되는 노동자의 교섭력 및 국가의 노동력 관리에 주목하면서 1873년부터 1989년까지의 '장기 20세기'에서 노동자운동의 형태 변화의 유형 및 궤도에 대한 다음과 같은 가설을 제시한 바 있다. 첫째 공산당을 중심으로 하는 '정치적 노동자운동'은 스탈린주의를 매개로 러시아·유럽에서 주변부로 이동했고, 둘째 노조를 중심으로 하는 '사회·경제적 노동자운동'은 사민주의를 매개로 영국·미국에서 서유럽·일본·반주변부로 이동했다는 것이다. Research Working Group on World Labor, "Global Patterns of Labor Movements in Historical Perspective", *Review*, Summer 1986.]

거나 배제시키는 것 같기 때문이다. 나는 연속성과 변화를 모두 인정하는 종합적인 (감히 말하자면 역사적이고 변증법적인?) 견해를 선호한다. 나는 제3의 입장으로 강력하게 견인되는데, 이런 입장이 과거와 동시에 미래를 시야에 넣으면서 현재 노조가 당면하는 곤경을 해결하고 그것으로부터 탈출하기 때문이다. 그러나 (전통적으로 정의되는 프롤레타리아를 포함하는) 세계노동자의 압도적인 다수는 노조로 조직되지 않는다. 그리고 노동자로 정의될 때조차, 빈민과 부랑자의 압도적인 다수는 노조로 조직될 수 없다. 더욱이 현재 주요한 국제적 운동은 노동자운동 또는 사회주의운동이 아니라 (노동자운동이 그 일부일 따름인) 광범위하고 다양하고 복잡한 민주화운동이다. 새로운 사회운동을 민주화운동으로 일반화할 수 있는 한, 그것의 관점에서 노조를 검토하자는 주장의 근거는 여기에 있다.

이하에서 나는 고전적인 사회주의노조 이론을 검토하고, 이어서 새로운 사회운동 이론을 검토하고[일부만 번역함], 사회운동노조의 정의를 제시하고, 이런 개념의 가치를 옹호하고, 인도 페미니즘의 모델을 남아공 노조에 응용하고[일부만 번역함], 몇 가지 결론을 도출할 것이다. 언제나 그런 것처럼 나머지는 독자의 비판적 지성에 달려 있다.

고전적인 사회주의노조 이론

새로운 사회운동 이론을 설명하기 전에 전통적인 사회주의노조 이론에 대한 최소한의 개요를 제시하는 것이 유용할 것이다. 현재 이 이론의 세련된 대표자는 [하이먼(Hyman, 1971)을 계승하는] 켈리(Kelly, 1988)다.[2] 예컨대 노조의 관료주의에 대한 그의 발언은

---

2) 사민주의노조 또는 개량주의노조 이론의 경우 (이론적으로는 아니라고 할지라도) 켈리만큼 세련된 대표자는 스파이로풀로스(Spyropoulos, 1991)인데, 그러나 너무 늦게 알게 되어 여기서 제대로 검토하지는 못한다. 그의

아주 중요하고 또 독창적이다(7장). 그는 전통적인 사회주의노조 이론에 대한 '포스트마르크스주의적' 비판을 강력하게 반박한다(5장). 고전적 마르크스주의 이론과 (주로 서유럽에서 전개되는) 현대적 논쟁을 비판적으로 개관한 다음 그는 다음과 같이 선언한다.

> 나는 다수의 노동자가 마르크스주의적 의미에서 완전한 계급의식을 달성할 개연성이 작다고 말하는 것은 옳지만, 그러나 이 때문에 [그람시주의적 포스트마르크스주의자] 라클라우와 무프(Laclau & Mouffe, 1985)처럼 사회주의 프로젝트가 타당치 않다고 결론짓는 것은 틀리

연구는 (당시에 존재하고 있던) 세 개의 세계 모두에서 당대의 노조주의를 검토하는 동시에 국제적 노조주의를 검토한다는 점에서 예외적이다. 그러나 오랫동안 국제노동기구(ILO)에 근무한 탓에 기본적으로 그는 국제노동기구의 모델이자 이상인 노사정 협상을 중심으로 하는 제도에 연구를 국한시킨다. 그(Spyropoulos, 1991: 282-7)는 마지막 부에서 "노조의 미래의 진화"를 검토하면서 노조의 목적, 대표성, 구조, 활동에 대해 언급한다. 그의 제안이 적합치 않다는 것은 아니다. 그 반대로 그의 제안은 자본축적의 현재적 조건에서 노조의 생존에 필요한 방어적 전략의 몇 가지 요소를 표상한다. 그러나 그의 제안은 효과적인 방어를 위해서도 결코 충분치 않은 것 같다. 이를 위해서는 분명 노조주의가 자신의 역사적 기원을 회고할 필요가 있을 뿐만 아니라 또한 새로운 사회운동이 우리의 세계자본주의적 질서의 기본 원리에 대해 의문을 제기하는 방식을 관찰할 필요도 있기 때문이다.

자세하게 검토할 필요가 있는 또 다른 최근의 작업은 일본 노조의 문건(Confederation of Japan Automobile Workers' Unions, 1992)이다. '세계, 소비자, 노동자의 공존을 위하여'라는 부제를 채택하는 이 문건은 일본자동차산업의 미래를 위한 제안이다. 세계에서 가장 통합된 (기업, 더 일반적으로 말하자면 자본, 나아가 국가에게 오랫동안 종속된) 노조운동의 문건의 부제는 마치 이 문건 자체가 새로운 사회운동노조주의에 대한 기여인 것처럼 보이게 만든다. 물론 그렇지는 않은데, 이 문건은 자동차노조가 '자신의' 산업이 현재의 세계적 조건에서 당면하고 있는 다면적인 위기를 해결하는 것을 도와주려는 중대한 노력을 표상하기 때문이다. 그러나 나는 이 문건이 사회주의노조도 채택할 수 있는 근본적으로 새로운 전략형성 모델을 제시한다고 생각한다. 이것은 자본주의를 문명화하려는 시도로서 결코 평범한 프로젝트가 아니다. 이것은 제도화된 노조주의의 점증하는 위기에 대한 제도화된 노조의 대응을 표상한다. 이것은 세계자동차산업을 위한 노동자적이고 민주적인 계획이라는 개념을 개방할 수 있을 것이다. 맥셰인(MacShane, 1992a)의 서평을 참조하시오.

다고 생각한다. 왜냐하면 현실적으로 이 프로젝트는 조직된 노동자를 중심으로 하는 여러 세력의 연합(coalition)에 의해 수행될 것이기 때문이다. 이런 연합은 소수의 계급의식적 활동가와 거대한 다수의 인민, (노동자, 소비자, 환경주의자, 여성, 동성애자, 평화주의자로서) 자기 자신의 이익과 진보적 가치의 다양한 혼합에 의해 동기가 부여되는 인민으로 구성될 것이다(Kelly, 1988: 303).

그리고 나서 그는 노동자의 불만을 제고하고 자본주의적 정상성(normality)에 대한 노동자의 확신을 붕괴시킬 경제적·정치적 위기를 예상한다.

노조가 이 과정에서 노동자계급을 동원하는 주요한 대리자(agent)로서 본질적인 역할을 수행할 것이지만, 그러나 마르크스주의자가 항상 인정해 온 것처럼, 노조는 대중적인 사회주의정당과 협력하면서 작업해야 한다. 그런데 바로 이것이 특히 영국에 결여되어 있는 것이다. 따라서 가까운 장래에 대한 우리의 주된 희망 중 하나는 영국경제를 타격할 새로운 파업의 파도가 초래하는 급진화로부터 그런 정당이 출현해야 한다는 것이다. 그런 일이 일어나는 바로 그 때, 전투적 노조주의의 결실을 완전히 수확할 수 있다(Kelly, 1988: 304).

내가 보기에 이 두 구절은 너무나 많은 의문을 제기함으로써 자신의 논거를 붕괴시키는 것 같다. 몇 가지 문제를 제기해보자.[3)]

3) 편의상 여기서는 논쟁적 비판만을 제시한다. 긍적적 대안은 이하에서 구체적으로 설명될 것이다. 드마르티노(DeMartino, 1991)는 사회주의노조이론과 전략에 대해 더 광범위하고 더 설득력 있게 비판한다. 그가 아주 특수한 미국의 노조와 그 단체교섭의 실천에 준거하고 있지만, 다른 나라 또는 국제적 수준에서의 실천에 대해서도 총체적으로 반성한다는 점은 특기할 만하다. 그는 해방을 위한 일반적 투쟁에서 노조주의를 특권화하는 것은 경제주의적 근거에서만 옹호될 수 있을 따름이라고 간주한다. 그 자신의 가정에 따르면 사회는 오히려 "인간들이 착취·지배관계를 창조하고 그리고/또는 그것에 도전하는 (노조가 그 중 하나인) 무수히 많은 장소의 배합이다. 사회는 노조가 다른 모든 장소의 모순적 효과에 의해 침투된다고 이해한다. 그 결과 노조의 실천, 구조, 이데올로기가 형성되는 동시에 좌파가 자신의 근본적인 기대를 거는 '노동자/노조원'이라는 바로 그 주체가 구성되는 것이다"(DeMartino, 1991: 30). 노조와 노동자의 아주

첫째, 켈리는 계급의식을 노동자의 경제적 행동과 정치적 행동을 융합하는 이론적으로 지도되는 실천으로 정의한다(Kelly, 1988: 88). 이론으로서 마르크스주의가 점점 더 파편화되는 것이 사실이라고 한다면, 누구의 마르크스주의가 경제적 실천과 정치적 실천을 지도해야 하는가라는 질문이 제기된다. 마르크스의 마르크스주의인가? 트로츠키의 마르크스주의인가? 마오의 마르크스주의인가? 켈리의 마르크스주의인가? 그리고 젠더, 생태, 인종 같은 다른 비경제적이면서 정치적인 영역, 새로운 해방적 이론이 전통적인 마르크스주의적 이해에 도전하는 영역에서는 무슨 일이 일어날 것인가라는 질문이 제기된다.

둘째, 켈리는 어디서도 '연합'의 의미를 구체적으로 설명하지 않는다. 또 오늘 왜 노동자 또는 노조가 단지 그런 연합의 필요한 구성요소 중 하나가 아니라 오히려 중심이어야 하는가가 자명한 사실인 것도 아니다. 노동자와 노조가 반드시 인종차별주의, 제국주의, 성차별주의, 군사주의, 권위주의, 환경파괴에 가장 강력하게 반대하는 세력은 아니다.

셋째, 켈리는 노동자에 대해서만 (경제적인?) 자기이익과 (정치

다양한 실천을 포괄하는 '단체교섭'을 결코 기각하지 않으면서도, 그는 미국에서 일반적인 단체교섭만을 위한 노조주의가 "노동자간 실질적 분할을 창조·강화하고"(DeMartino, 1991: 34), 노조를 노동자에게 서비스를 판매하는 사이비 기업으로 변모시키고, 노조를 서로 경쟁하게 만들고, 결국 노동자를 지방공동체[지역사회]에서 고립시킨다고 주장한다. 따라서 켈리의 희망과는 반대로, 실리노조가 다른 사회운동과 원칙적이고 지속적인 연합을 형성할 수 있는 능력에 대한 이론적 질문이 제기된다는 것이다. "노조를 다른 운동과 결합시키는 대중적 동원의 일차적 목적이 사용자와의 관계를 안전하게 만드는 것이기 때문에 그 필연적 결과로 노조는 다시 고립된다. 일단 단체교섭의 합의가 도출되면, 노조활동가의 육체와 정신은 더 넓은 공동체를 떠나 작업장으로 되돌아간다"(DeMartino, 1991: 36). 국제적 수준에서 노조의 단체교섭활동이 모두 그런 결함을 재생산하고 또 민족적·국제적 수준에서 노조가 다른 사회운동과 형성하는 동맹이 필연적으로 도구주의적 관점에 근거한다고 가정할 수는 없지만, 그러나 어디서, 어떻게, 왜 그렇지 않은가(또는 그렇지 않을 것인가)를 증명할 필요가 있는 것이다.

적인?) 진보적 가치의 관계를 검토한다. 따라서 여성, 동성애자, 환경주의자의 '진보적' 가치가 노동자의 이론적으로 지도되는 실천, 즉 누군가의 마르크스주의를 필연적으로 채택함을 의미하는지 여부를 질문해야 한다.

넷째, 켈리는 어떤 종류의 대중적인 사회주의정당을 희망하는지에 대해서는 말하지 않고 또 국제적 수준에서 정당과 노조의 관계의 (문제가 많은) 역사에 대해서도 검토하지 않는다. 독립적인 민주화운동으로서 사회운동의 출현에 의해 정당형태와 그것에 의한 정치공간의 독과점이 점점 더 의문시되고 있는 시대에 그는 (사회주의)정당의 우위를 다시 주장한다.

다섯째, 켈리가 가정하는 경제위기의 결과로서 파업, 급진화, 전투성, 사회주의가 어쩌면 가장 의외일 것이다. 미래에 대한 이런 주장을 반박할 수는 없다. 그 자신은 트로츠키주의자의 유사한 주장에 대해 비판을 제기하지만 말이다(Kelly, 1988: 48-51). 과거와 현재의 증거는 경제적·정치적 위기가 대중적 파시즘(히틀러의 독일과 무솔리니의 이탈리아), 종교적 근본주의(북아프리카), 종족쇼비니즘(유고슬라비아), 탈진과 혼란(폴란드), 테러리즘적 공산주의(크메르루주와 [페루의] 빛나는 길), 네오코퍼러티즘([칠레를 비롯한] 라틴아메리카에서 실험되는 '사회적 공조·제휴(concertation)' 전략)으로 귀결될 수도 있음을 시사한다. 현재 대부분의 증거에 따르면, 그런 위기가 긍정적 결과를 생산하는 한, 그것은 종종 사회주의라고 불리는 것에 반대하여 주장되는 민주주의라고 불리는 것의 선택이다!

요컨대, 켈리의 주장은 19세기 및 20세기 초 [고전적] 마르크스주의 담론에 의존하는 분석의 한계를 보여준다. 그는 자유민주주의적 조건에서 노동자와 노조에 대해 많은 것을 말해줄 수 있지만, 그러나 해방, 심지어 자유민주주의적 조건에서의 해방에 대해서는 거의 말해줄 수 없는 것이다. 그는 유일한 또는 제1의 보편적이고 혁명적인 주체로서 프롤레타리아라는 마르크스의 [좀 더 정확하게 말하자면, 마르크스주의적] 신화(Lovell, 1988)를 수용한다. 따라서 그는 당대의 주요한 진보적 사회운동에 대해 마르크스가 그랬던 것처럼 대응할 수 없다. 마지막으로 그가 국제적인 (제2세계 및 제3세계에서의) 노동자운동의 경험에 대해 언급조차 하지 않는 것은 그가 불가피하게 유럽중심적인 이론을 생산했음을 의미한다. 해방적 사고가 세계화를 인정하고 또 검토해야 하는 시대에 말이다.[4)]

새로운 사회운동 이론의 발전

사회운동노조 개념이 새로운 사회운동에 대한 준거를 요구한다는 것은 분명하다. 1970년대 후반부터 사회변혁의 초점으로서, 따라서 사회분석을 위해 사회운동을 강조하는 새로운 이론이 개발되기 시작했다. '새로운 사회적 모순', '새로운 사회적 주체', 그리고 물론 '새로운 사회운동'(여성운동, 평화운동, 인종운동, 생태운동, 소비자운동)이 준거가 되었다. 마르크스주의적 전통을 따르는 이들도 마르크스에게 묵시적으로 또 명시적으로 의존하기 시작했다.

> 우리에게 공산주의란 달성해야 할 미래의 상태, 현실이 자신을 조정해야 할 이상이 아니다. 우리는 현재의 상태를 지양하는 현실의 운동을 공산주의라 부른다(Arthur, 1970: 56-7).

---

4) 켈리는 친절하게도 이 논문의 원고에 대해 사적으로 답변해주었다(1992년 1월 9일). 그는 자신의 주장에 대한 나의 비판에 대해 반박하면서 사회운동노조에 대한 나의 개념이 '모호하다'(elusive)고 규정한다. 또한 그는 내가 오래된 모델과 새로운 모델을 과도하게 대비한다고 생각한다. 나는 이 두 가지 논점을 기꺼이 수용하면서 과거와 현재의 더 많은 증거를 제시하여 논거를 보강할 필요성이 있다고 생각한다. 원고를 완성하면서 지면의 제약으로 인해 그렇게 할 수는 없었지만, 그러나 나는 그의 답변의 내용과 논조에 감사하면서 장래의 대화를 위한 좋은 조짐이라고 생각한다. 나는 켈리가 나중에 공적으로 상세하게 답변해주길 기대한다. 또한 나는 그가 완성된 원고에서 논거를 보충하기 위해 추가된 문헌에 대해서도 평가해주길 기대한다. [워터먼에게 공적으로 답변한 사람은 결국 켈리가 아니라 하이먼(Hyman, 1999)이다.]

좀 더 구체적으로 그들은 그람시에게 의존하여 일차적으로 국가권력의 장악 플러스 생산수단의 국유화로서 혁명이라는 개념과 단절하기 시작했다(Laclau & Mouffe, 1981: 20).[5](…)새로운 개념화에서 노동자의 투쟁은 '경제주의적/개량주의적'이라고 비난받지도 또 '정치적/혁명적'이라고 찬양받지도 않고, 대신 '현재의 상태'를 지양할 수 있으려면 다른 것과 긴밀하게 결합해야 하는 정치투쟁의 하나의 전선 또는 장소를 대표하는 것으로 인정받는다. 요컨대, 경제결정론적이고 계급환원론적인 마르크스-레닌주의와는 달리, 사회·경제적 구조는 정치투쟁에 의해 결정되는 것으로 간주되고, 계급은 투쟁에 의해 형성·재형성되는 것으로 간주되고, 모든 투쟁은 정치투쟁으로 간주되고, 문제는 자본, 국가, 가부장제, 제국주의, 인종차별주의가 상호결합하고 상호의존하는 구조로 간주되고, 목적은 국가권력의 장악과 경제적 관제고지[독점자본]의 국유화가 아니라 사회 전반에 걸친 착취와 지배의 지양으로 간주되고, 이런 프로젝트는 다양한 유형의 노동자(노동자계급과 또 다른 '노동계급')의 독립적인 요구, 즉 계급적·인민적·민주주의적 요구의 결합에 의해서만 실현가능한 것으로 간주된다.

이런 사고방식을 전개하기 위해서는 적어도 새로운 사회운동적 사고에 대한 최소한의 이해가 필요할 것이다(Alperin, 1990; Chhachhi & Pittin, 1991; Freyhold, 1987; Giddens, 1990; Harding, 1992; Melucci, 1989; Parodi, 1986; Pheterson, 1990; Poster, 1990; Slater, 1985; Yepez, 1991).

(…)

새로운 사회운동의 이런 특징이 전위주의적인 조작은 물론이고 프롤레타리아적 메시아주의와 인민주의적 민족주의의 수사를 지양한다는 것은 분명하다.(…)[5]

물론 오래된 사회운동(노동자운동과 민족운동)이 새로운 사회운

5) 물론 평의회 마르크스주의에 의존하는 또 다른 설명도 가능하다. 윤소영, 『역사적 마르크스주의: 이념과 운동』, 공감, 2004.

동인 적이 있었다. 멜루치와의 인터뷰에서 킨(John Keane)과 미어(Paul Mier)는 그가 새롭다고 간주하는 특징이 19세기 노동자운동에 존재하고 있었음을 지적한다! 그들은 현재의 운동이 실은 과거의 사회운동에서 발견되는 활동형태를 복원하고 확대하는 것으로 이해할 수 있다고 제안한다(Melucci, 1989: 214). 멜루치도 동의하는데, 그는 노조주의의 소멸이나 부적합성이 아니라 오히려 오늘 그것이 새로운 사회운동과 결합되는 방식 자체에 대해 언급하는 것이다(Mathews, 1989 참조).

(…)

우리는 [노조와 정당의 분업을 변혁하기 위해] 새로운 사회운동이 정당, 특히 다른 사회세력에 대한 전위의 역할을 주장하거나 그런 역할을 강제할 수 있는 국가권력을 갖고 있는 인민주의[민족주의]정당 또는 공산주의정당과 어떤 관계를 맺는지에 대해 이해할 필요가 있다. 우리는 먼저 사회운동과 정당의 관계가 오늘 어떻게 지각되는지에 대해 질문할 수 있다. 카스텔스(Castells, 1983: 299)는 전통적으로 정당에게 부여되는 우위에 도전하면서 오늘 중요한 현상을 "자기의식적이고 자기조직적인 사회운동"으로 간주한다. 그는 정당의 필요성을 인정하면서 사회운동은 바로 인민을 동원하기(move) 위해 존재하고 정당은 바로 요구된 또는 쟁취된 변화를 협상하고 제도화하기 위해 존재한다고 간주한다. 정당형태를 비방하는 것이 아니라 단지 그것의 우위 또는 정치공간의 독과점을 부정할 따름이다. 우리가 정당의 이런 좀 더 겸손한 역할을 수용한다면, 전통적인 지도적 역할(사민주의적, 공산주의적, 인민주의적 역할)은 어떻게 되는가? 새로운 사회운동은 어떤 종류의 정당을 필요로 하는가? 에버스(Evers, 1985: 66)는 필요한 것은 오히려 '후위당'(rear-guard party), 즉 사회운동을 지도하고 지배하는 것이 아니라 사회운동에게 봉사하고 사회운동을 지원하는 [사회운동]정당일 것이라고 제안한다.[6] 그런 개념이 정치적 실천으로 발전하는 데 곤란이

---

6) 사민주의적 노동자정당과 새로운 사회운동의 근본적 동맹에 대한 이론적

없는 것은 아니라는 점은 브라질 노동자당의 최근의 발전에서 알 수 있다(Mineiro & Ferneira, 1992; Ramalho, 1992; Silverstein & Sader, 1992).

(…)

애러너위츠(Aronowitz, 1989: 57-9)는 민주주의의 우위를 주장하면서 지식인과 노동자의 관계에 대한 흥미로운 시사를 도출한다. 지식인이 노동자에게 필요한 의식을 제공하는 것은 더 이상 문제가 아니다. 오늘 노동자는 자기 자신의 이익을 결정하기에 충분한 교육을 받는다. 오늘 (방대하고 다양한 범주를 형성하는) 지식인은 두 가지 방법으로 노동자운동 및 농민운동과 관계를 맺을 수 있다. 첫 번째 방법은 운동을 보조하고 자문하는 '기술적 지식인'(technical intellectual)이고, 두 번째 방법은 노조가 동맹을 형성할 수 있는 중간층 조직의 성원이다. 나는 이 공식이 통찰력과 신뢰성을 갖는다고 생각한다. 이것은 '새로운 노동자 국제주의'의 발전에서 지식인의 역할 또 그것을 위한 소통에서의 역할에 대한 나 자신의 경험을 반영한다(Waterman, 1992). 이것은 지식인에게 당대의 민족적·국제적 노동자운동과의 관계에서 마르크스와 엥겔스(또는 로자와 그람시)의 역할['유기적 지식인'으로서의 역할]을 수행해야 한다는 의무를 면제해줄 수 있는 한, 신뢰할 수 있는 것이다.[7] 이는 지식인

으로 정밀하고 역사적으로 박식하고 사회적으로 특수한 제안은 오스트레일리아의 연구자·활동가 매튜즈(Mathews, 1989)의 저서에서 발견할 수 있다. 그는 자신의 제안이 사민주의적 노동자정당이 존재하는 자유민주주의적 산업사회에만 적합한 것으로 생각한다고 겸손하게 말한다. 나는 이것이 제3세계와 제2세계에서 노동자운동과 사회운동을 둘러싼 논쟁에 대한 중요한 기여라고 생각한다. 이것이 독창적인 사고에 대한 소망 이상의 것임은 남아공 노조의 현재의 논쟁에서 알 수 있다(Bird & Schreiner, 1992; *South African Labour Bulletin*, 각호).

7) 새로운 역할이 필요하다고 해서 그것이 쉽게 발전할 수 있다는 의미는 아닌데, 이는 남아공과 브라질의 친노동적 지식인의 사례에서 알 수 있다. 플랙스는 우리에게 다음과 같이 상기시키고 있다. "교수와 학생은 노동자가 아니다. 이는 계급위치를 아무리 새롭게 개념화한다고 해도 지양할 수 없는 문화적 현실이다. 젠더 또는 인종을 토대로 하는 운동에서 공식적

이 더 이상 일반화라는 과제를 갖지 않을 것임을 의미하는 것이 아니고, 오히려 지식인이 (노동자운동의 전통적인 분업을 지양하는 방식으로) 노동자와 관련되고 노동자에게 전달되는 이론을 발전시키고 소통시킬 방법을 찾아야 할 것임을 의미한다.

(…)

임노동의 상황에서 권위주의에 대한 투쟁은 노동자운동에게 전통적인데, 이는 '노동자의 통제', '노동자의 자기관리', '노동자의 참여' 등으로 표현된다. 그러나 이런 투쟁에 대한 최근의 문헌은 사회주의 전략의 위기를 인정하고, 국제주의적 시각을 채택하고(예를 들어, 사하라 이남 아프리카의 경험과 남아공 노조의 정책을 검토하고), 또는 노동자운동의 요구와 새로운 사회운동의 요구를 연결시킴으로써 전통적인 틀을 지양한다. 바야트(Bayat, 1991; Webster, 1991도 참조)는 광대한 역사적·국제적 범위에서 또 새로운 기술에 대해서도 참조하면서 작업한다는 점에서뿐만 아니라, 또한 민주주의에 대해 더욱 일반적으로 관심을 갖고, 새로운 사회문제와 사회운동에 대해 인식하고, 대안적 사회모델을 위한 광범위한 현재적 문헌에 대해 주목한다는 점에서도 예외적이다. 제3세계의 비권위주의적인 자본주의적 조건에서 존재하는 가능성에 대한 그의 결론은 노동자통제가 적어도 네 가지 형태를 취할 수 있다는 것이다. 첫째는 소상품생산에서 존재하는 '자연적' 형태이고, 둘째는 협동조합의 민주화라는 형태이고, 셋째는 노동자의 압력으로 인해 국가가 지원하는 형태이고, 넷째는 노조가 기업의 관리와 국가의 개발정책에 영향을 끼치려는 형태와 산업구조의 변화에 따른 자본가의 공격에 대해 작업장 수준에서 대응하는 형태다(Bayat, 1991: 172). 제3세계

지식인이 행사할 수 있는 그런 종류의 지도력을 노동자운동에서 상상할 수는 없다. 그러나 폴란드 연대노조의 사례는 관계의 가능성을 시사한다. 이 경우 체제비판적 지식인은 국가의 억압에 직면한 노동자를 위한 실질적 지원을 조직했다. 그 결과 교류가 시작되어 결국 지식인이 [전통적인 정당의 매개 없이] 활동가를 교육시키고 또 공동의 정치담론을 전개시킬 수 있는 틀이 만들어질 수 있었다"(Flacks, 1991: 14).

의 전망에 대한 그의 일반적인 결론은 다음과 같다.

> 산업화의 전략이 무엇이든지 간에, 우리는 노동자의 통제와 분업[노동의 분할]의 변혁이 단지 기술적인 문제가 아니고 또 단지 산업적 노동과정에 국한된 문제가 아님을 인식해야 한다. 전략은 작업장을 넘어서 사회 전체에서 계급, 젠더, 인종, 그리고 다른 분할을 포괄해야 한다.(…)정부는 노동의 민주화를 위한 운동을 억압하는 대신 지원해야 한다. [그러나] 노동자통제를 촉진하기 위해서는 제3세계 국가의 정치적 구조 자체가 민주화되어 분업의 민주적 변혁을 객관적으로 허용하고 조정해야 한다(Bayat, 1991: 206).

(…)

여기서 [새로운 사회운동에 대한] 다양한 이론적 작업들이 서로서로 일관성을 갖는가라는 문제를 검토할 수는 없다. 현재의 노조주의에 대한 비판과 대안적 전략의 개발에 관심을 갖고 있는 이들에게 이런 작업들이 현재의 지적이고 정신적인 자원의 넓이와 깊이를 암시한다면, 그것만으로 충분할 것이다.(…)

사회운동노조의 예비적 정의

이상의 검토는 전통적인 레닌주의적[좀 더 정확하게 말하자면 볼셰비키적] 정치노조 개념과 새로운 사회운동노조 개념의 차이를 암시할 것이다. 이제 이런 암시 또는 함의의 일부를 노조와 직접 관련되는 일련의 명제로 번역해보자. [워터먼(Waterman, 1999a)에서 수정된 부분은 [ ]로 표시한다.]

1. 사회운동노조는 임노동 내부에서 또 임노동을 중심으로 투쟁하는데, 그 목적은 임금과 노동조건의 개선에 있을 뿐만 아니라 또한 노동과정, 투자, 새로운 기술혁신, 공장이전, 하청, 교육·훈련정책에 대한 노동자와 노조의 통제의 증가에도 있다. 이런 전략과 투

쟁은 관련되는 지방공동체[지역사회(역자)]나 이해당사자와의 대화와 행동통일 속에서 수행됨으로써 (예를 들어 환경주의자나 여성과의) 갈등을 회피하고 노동자와 노조의 요구의 호소력을 증가시켜야 한다.

2. 사회운동노조는 위계적, 권위주의적, 테크노크라트적 노동방법 및 노동관계에 반대하고, 사회적으로 유용한 [또 환경과 친화적인] 생산물을 위해, 노동시간 단축을 위해, 생산가능하고 필요한[동시에 유용한(역자)] 재화의 분배를 위해, 가사노동의 분담을 위해, 문화적 자기개발과 자기실현을 위한 비경제적 활동에 할애할 수 있는 시간[즉 자유시간]의 증가를 위해 투쟁한다.

3. 사회운동노조는 노조로 조직화되지 않거나 조직화될 수 없는 다른 노동자계급 또는 범주(소상품생산자, 가내노동자, 농민, 가정주부, 기술직, 전문직)의 운동과 긴밀하게 결합한다.

4. 사회운동노조는 다른 비계급적 또는 다계급적 민주화운동([브라질에서 발견되는(역자)] 해방신학적 기초공동체운동, 여성운동, 주거운동, 생태운동, 인권운동, 평화운동)과 긴밀하게 결합한다. [이문(異文)은 '강력하고 다양한 시민사회를 창출하려는 노력의 일환으로'라는 구절을 추가한다.]

5. 사회운동노조는 ('경제적', '정치적', '사회적', '주거적', '가족적', '성적'인) 모든 사회적 관계와 구조의 지속적인 변혁을 위해 민주적이고 [다원주의적이고] 협동적인 방식으로 작업한다.

6. 사회운동노조는 유사한 지향을 갖는 정치세력(정당, 전선, [또는 심지어] 국가), 즉 [해방적이고] 변혁적인 프로젝트에서 독립적인 사회세력의 다원성의 가치를 [실천적으로] 인정하는 정치세력과 긴밀하게 결합한다.

7. 사회운동노조는 다른 (잠재적) 동맹자와 독립적이고 평등하고 민주적인 동반자로서 긴밀하게 결합한다. 즉 '전위적'이거나 [지상권(至上權)을 갖는(역자)] '주권적'인 조직 또는 권력임을 주장하지도 않고 또 그런 조직이나 권력에게 종속되지도 않는다.

8. 사회운동노조는 사회 전체에서의 새로운 사회적 문제(권위주의, [다수결주의,] 관료주의, 성차별주의, 인종차별주의)가 특히 노동자에 대해 제기될 때 또 노조 자체 내부에서 표출될 때 그런 문제를 해결한다.

9. 사회운동노조는 작업장 민주주의를 선호하고 노동자 사이에서 또 노동자와 다른 인민적·민주적 사회세력 사이에서 직접적인 수평적 관계를 고무한다.

[이문에서는 '10. 사회운동노조는 지방적, 민족적, 세계적 차원에서 교육, 문화, 소통의 영역에 적극적으로 참여하여 노동자와 인민의 문화를 고무하고 지배적 제도 또는 미디어의 내부와 외부에서 민주주의와 다원주의를 위한 이니셔티브를 지지한다'는 항목이 추가된다.]

10. 사회운동노조는 사회제도, 이데올로기 또는 정치적 동일성과 무관하게, 작업장과 지방공동체 사이에서, 즉 노동자 사이에서 또 인민적·민주적 사회세력 사이에서 국제적 수준의 직접적인 교류와 연대를 선호한다. [이문은 '세계적 시민사회와 세계적 연대문화를 창출하려는 투쟁의 일환으로'라는 구절을 추가한다.]

[이문에서는 '12. 사회운동노조는 조직에서의 민주주의, 다원주의, 혁신을 자극하는 데 있어서 비공식적, 수평적, 신축적인 연합, 동맹, 이익집단의 가치를 인식함으로써 조직 안에서 또 그 사이에서 네트워크의 형성에 대한 개방성을 유지한다'는 항목이 추가된다.]

사회운동노조 개념을 이렇게 구체화하는 것은 그 자체의 한계를 갖는다. [마치 제3 인터내셔널의 '21개 조항'이 그랬던 것처럼(역자)] 어떤 노조 또는 노동자운동이 이런 포스트공산주의적 인터내셔널에 가입할 수 있으려면 먼저 10개 조건을 충족해야 한다고 암시할지도 모르기 때문이다. 또 '긴밀하게 결합한다'는 말의 뜻이 아직 추상적이기 때문이다. [이문은 이어서 '누가 기존 노조를 변혁시킬 것인가'라는 질문을 제기하면서 '노조 내부에 새로운 대안적 사회운동을 추구하는 세력, 즉 오래된 사회주의정당과는 다른 세력이 현존할 필요가 있다'고 답변한다.] 이런 예비적 정의가 시사적이기는 하지만 여전히 불충분하다고 (나 자신과 마찬가지로) 생각하는 이들에게 이것을 더욱 전개하자고 제안하고 싶다.

사회운동노조 개념의 가치

이런 새로운 개념은 지난 10-15년간에 형성된 새로운 사회운동과 새로운 노조의 경험에서 도출되어 온 것이다. 그런 운동이 폴란드와 남아공이 대표하는 권위주의적 신흥공업국의 맥락에서 가장 극적인 형태를 취했다는 것은 사실이다. 그러나 그런 조건에서 전개된 모든 극적인 노동자운동이 필연적으로 사회운동노조를 출현시킨 것은 아니다. (토착적인 또는 외국의 지원을 받는) 전위주의적 또는 개량주의적 정당이 정치적 공간을 지배하고 새로운 노동자운동의 형태를 전통적 방식으로 구성할 수도 있다. 프랑코의 독재에 대한 투쟁에서 출현한 스페인의 노동자위원회의 급진적 잠재력은 사민주의[좀 더 정확하게 말하자면 유로공산주의]에 의해 흡수되었다(Fishman, 1988; Wozniak, 1988).[8] 필리핀의 전투적 노조인 5월1일운동(KMU)은 아직도 레닌주의[좀 더 정확하게 말하자면 마오주의] 모델에 묵시적으로 준거한다(Ecumenical Institute for Labour Education and Research, 1988). 새로운 경험이 영속성을 보장받는 것도 아니다. 폴란드에서는 1988-89년에 이미 '연대노조의 퇴화'가 운위된다(Staniszkis, 1989).[9] 남아공에서는 인종차별주의적 체제

8) 워터먼과 그의 동료 바야트(Bayat, 1991)가 이탈리아제1노총(CGIL)을 사회운동노조로 간주하지 않는 것도 이런 판단 또는 오히려 선입견 때문인 것 같다. 사회운동노조로서 이탈리아제1노총과 스페인 노동자위원회에 대해서는 Sophie Béroud and Georges Ubbiali, "Les syndicats de l'ancien écosystème communiste (CGIL, CGT, Commissions ouvrières) face à l'altermondialisme: Un ressourcement possible?" (Colloque international 'Les mobilisations altermondialistes', 3-5 déc. 2003), http://afsp.msh-paris.fr/activite/groupe/germm/collgermm03txt/germm03beroud.pdf를 참조하시오.

이후에 어떻게 노조의 독립적이고 효과적인 역할을 보존할 것인가를 둘러싸고 활발한 논쟁이 진행되고 있다(*South African Labour Bulletin*, 각호).

여기서 사실이 어떠하든, 우리는 사회운동노조주의의 발전이 필연적으로 권위주의적 신흥공업국에 국한되지는 않는다는 점에 추가적으로 주목할 필요가 있다. 이것은 또한 (분명하게 또 의미심장하게) 고도로 산업화된 자유민주주의적 조건에서 [신자유주의적 금융세계화와 정책개혁에 의한] 탈산업화와 반민주주의적 전개에 대한 투쟁의 결과일 수도 있는 것이다! 미국을 주제로 하는 논문집(Brecher & Costello, 1990c; DeMartino, 1991도 참조)의 저자들은 노동자와 지방공동체의 동맹, 즉 단체교섭활동의 제약과 노조의 전국적 위계구조를 회피할 수 있는 동맹이라는 관점에서 미국 노동자운동의 부활을 관찰한다. 일차적인 사례는 제너럴 모터스의 캘리포니아 반누이즈 공장의 폐쇄에 반대하는 투쟁일 것이다. 이것은 노동자와 지방공동체의 동맹뿐만 아니라, 또한 소수민족, 해당 노조의 민주화 투쟁, 미국의 산업발전에 대한 (자유주의적이거나 사회개량주의적인 태도가 아니라) 민주주의적인 태도, 광범위한 영역에서 다양한 진보적 정치적·이데올로기적 경향에 개방적인 운동과의 동맹도 포괄한다(Mann, 1987).

미국에서 관찰되는 과정이 지방적 수준에서 또 심지어는 얼마간 전국적 수준에서 노동자 국제주의의 아주 극적인 전개를 수반한다는 것에 기쁘게 주목하자(Brecher & Costello, 1991; Karmel, 1990; Sweeny, 1990; Witt, 1990; *Latin American Labour News*, No. 5, 1992). 다른 사례에서도 우리는 광범위한 노조주의와 새로운 종류의 국제적 교류의 결합을 관찰할 수 있다. 즉 서독 녹색당이 개최한 1989년의 워크숍에서 서독의 주요 노조에서 파견된 전문가들은 소련의 평화조직에서 파견된 간부들과 군비생산의 [평화적] 전환이

9) 워터먼과 달리 모지스는 바웬사가 지도하는 연대노조가 기독교 사회주의와 페이비언주의-베른슈타인주의의 결합이라고 주장한다. John Moses, *Trade Union Theory from Marx to Walesa*, Berg, 1990.

라는 문제에 대해 토론한 바 있다. 독일인들은 여기서 '사회적으로 유용한 생산'이라는 개념을 명시적으로 사용했다. 사민주의노조와 레닌주의노조의 전통적인 파라미터를 지양하는 것이 분명한 이 개념은 1970년대 영국에서 항공우주회사 루카스의 공장폐쇄 위협에 대한 노동자의 투쟁에서 유래한 것이었다. 다시 한번 강조하자면, 이런 발전이 서쪽의 오래된 자본주의 또는 동쪽의 새로운 자본주의에서 노조가 이런 형태를 취할 개연성이 높다는 것을 의미하지는 않는다. 그러나 효과 없는 단체교섭 중심의 노조주의, [노사정 협상 중심의] 네오코퍼러티즘, 운동지향적 노조주의 사이의 선택이 전에 없이 극적으로 출현할지도 모른다.

어쨌든 우리가 남쪽에서뿐만 아니라 또한 서쪽과 동쪽에서 새로운 종류의 노조주의의 계기 또는 요소를 발견한다면, 또 우리가 이것과 관련되는 새로운 종류의 노동자 국제주의의 맹아도 지각할 수 있다면, 양자를 개념화하려는 이후의 작업이 새로운 흥미로운 방향으로의 전개에 도움이 될 수 있을 것이다. 우리는 현재의 노조의 모든 현실을 우리의 새로운 모델에 강제로 포섭하려고 시도해서는 안 된다. 그러나 우리는 적어도 이 모델이 일정한 현실성을 갖는지 여부에 대해 검토해야 한다. 그리고 우리가 (또 일반 노동자와 노조원이) 이 모델을 매력적인 것으로 판단한다면, 우리는 그것을 더욱 발전시키기 위해 실험적인 방식으로 시도할 수 있을 것이다.

시험 사례: 페미니스트 전략과 노조의 실천

특수한 사례를 선택하여 새로운 개념의 적합성을 간단히 검토해 보자. 그런 검토는 위에서 제시된 10개 기준을 폴란드 연대노조나 브라질노총(CUT) 같은 운동에 응용하는 방식으로 진행되어야 한다. 그러나 그렇게 하려면 지면의 제약이 있다. 그래서 나는 현재 남아공에서의 페미니즘과 노조주의의 관계를 대신 검토하고자 한다. 이런 검토는 페미니스트 노동전략에 대한 제한된 (심지어 이미 오래된) 개념화와 동시에 제한된 사례 연구만으로 진행될 수 있다. 이런 개념화는 봄베이[뭄바이]와 칸푸르의 여성노동자에 대해 조사한 인도의 연구자·활동가 집단(Rohini, Gothoskar & Chaturvedi, 1982; 최근의 조사는 Hensman, 1991; Gandhi, 1991; 페루에 대한 조사는 Olea, 1991)으로부터 차용할 것이다. 또 이런 사례 연구는 1988-89년간 남아공노총(COSATU) 내부에서의 논쟁을 대상으로 한다. 다시 한번 다른 이들도 자신의 개념적, 분석적, 또는 역사적 검토를 수행할 것을 제안하는 바이다.

남아공이 (만일 그런 것이 존재한다고 가정한다고 해도) 제3세계의 전형은 아니라는 점은 당연하다. 그러나 인도의 전략이 남아공으로 '여행한다면', 적어도 현재의 페미니즘이 세계의 노동자와 노조에 대해 얼마간 일반적인 의미를 갖는다고 시사할 수 있을 것이다. 나는 인도의 연구에 대한 요약적 결론에 의존하고, 필요하다면 그런 결론을 확대할 것이다. 인도를 조사한 저자들은 여성노동자를 위한 조직 또는 운동의 네 가지 유형을 제안한다.

첫째는 [페미니스트적이라는 의미에서] 독립적인 여성의 조직 및 운동이다.(…)

둘째는 여성의 노조조직[여성위원회 또는 분리된 여성노조]이다.(…)

셋째는 [지방공동체에서 가사노동 및 육아의 집단적 조직, 나아가] 여성의 생산협동조합이다.(…)

넷째는 [여성의 노조조직과 유사한] 일반적 사회투쟁에서 여성의 조직이다.(…)

남아공에 대한 자료는 『남아공노동소식』의 일면 톱으로 다루어진 「노조 내부의 여성노동자」라는 특집 기사(Klugman, 1989)다. 이 특집에는 1988-89년간 노조의 활동 및 성과에 대한 보고, 1988년 남아공노총 여성대회의 결의문, 1989년 남아공노총 3차 전국대회의 결의문이 포함된다. 이것은 여성노동자와 그 지도자를 인터뷰하고 지방공동체를 토대로 하는 조직에 대해 언급한다. 클루그먼은 작업장 외부의 조직에 대해서는 지나치면서 언급할 따름이다. 이 때문에 그녀의 기사가 위에서 제시한 페미니스트 전략의 적합성을 검토하는 데 부적합한 것처럼 보일 수 있다. 그러나 나는 우리가 이 사례에서 아주 풍부한 적합성을 발견할 수 있다고 생각한다. (그리고 모델이 사례보다 훨씬 더 풍부하다면, 남아공 및 다른 사례에 대한 추가적인 연구 또는 행동을 자극할 수 있을 것이다.)

첫째는 작업장에서 여성노동자의 투쟁과 성과다.(…)동일노동에 대한 동일임금, 동일한 승진 기회, 육아 [휴가 및] 시설, 자궁암 검사를 둘러싼 투쟁이 진행되어 왔다. 작업장에서의 성희롱은 아직도 중대한 문제이지만, 클루그먼에 의하면 이것에 대한 노조의 효과적인 투쟁 사례는 단 한 건일 따름이다.

둘째는 노조 내부의 여성 조직의 형태다. 남성 지배적인 노조 일부가 여성 문제를 적극적으로 해결해 왔음에도 불구하고, 남아공 여성활동가는 일반적으로 전국적 그리고/또는 지방적 수준에서 분리된 여성조직이 필요하다고 생각하는 것 같다. 그 이유는 첫째 남성과 대결할 경우 여성의 자신감 결여, 둘째 노조 내부와 외부에서 여성 문제와 노조를 결합하고 또 노조 문제와 여성을 결합할 필요성, 셋째 여성 문제를 강조할 필요성에 대한 남성의 상대적인 무관심, 넷째 성희롱 같은 민감한 문제를 검토할 필요성이다. 1988년 여성대회는 노조 내부에 여성위원회를 설치할 것을 제안했고 그 후 다양한 수준에서 수많은 여성위원회가 설치되었다. 1989년 전국대회는 [회의에 참석할 때 육아 시설 및 교통 수단의 제공을 통해 또 가사 분담을 통해] 모든 수준에서 여성지도자를 지원할 필요성에 대한 결의를 채택한다(Klugman, 1989: 20).(…)

셋째는 노조 내부에서 성희롱에 대한 투쟁이다. 위의 두 문제를 전통적인 여성 문제 또는 전통적인 노조에서 여성의 관심사로 해석하는 것이 가능하다면, 이 문제는 현재의 페미니즘의 맥락에서만 이해할 수 있을 따름이다. 이것은 성적 행동에 대한 결의와 관련되는 것인데, 그 내용의 일부는 다음과 같다.

> 우리 조직의 남성 동지는 종종 신입 여성 동지와 연애를 한다. 이런 관계는 종종 남성 동지의 정치적 경험과 조직적 위치로 인한 권력의 불균형으로 특징지어진다. 이런 불평등한 연애가 끝날 때, 여성은 종종 조직을 탈퇴하게 되거나, 조직 내부에서 갈등이 전개되기 시작하면서 여성 동지의 지속적 참여가 곤란하게 된다(Klugman, 1989: 35).

이 결의 때문에 1989년 전국대회에서 가장 길고 가장 뜨거운 논쟁이 전개되었다(Obery, 1989). 이 결의가 통과되지는 못했지만, 그러나 [1988년 여성대회에서] 제안된 성적 행동규약을 검토하기 위한 다양한 수준의 조직에서의 토론에 회부되었다.

넷째는 노조 외부에서의 여성 조직이다.(…)1989년 전국대회는 [통일전선인] 아프리카민족회의(ANC)와 관련된 전통적인 여성 조직인 남아공여성연맹을 부활시키기 위한 능동적인 역할을 제안했다.

다섯째는 [결혼이나 연애와 투쟁의 양립가능성의 경우와 같은] 페미니즘적 태도와 문제다(Klugman, 1989: 14).(…)

여섯째는 [남성노동자와 일부 여성노동자에게서 발견되는 노동자주의와 인민주의의 대립 같은] 전통의 지속이다.(…)이것은 사회운동노조주의가 본래 새로운 인식이며 그것을 성취하는 것은 투쟁의 문제임을 또다시 상기시켜줄 것이다.

결론: 지속적으로 쇄신가능한 프로젝트

남아공 노조의 사례는 그 제한된 범위로 인해 단지 시사적일 수 있을 따름이다.[10] 그러나 인도에서 제안된 전략과 남아공에서 정치적 경험의 일치의 정도는 주목할 만하다. 따라서 내가 제시한 예비

10) 추가적인 사례와 시사에 대해서는 아마존의 노조활동가·농촌활동가·생태주의자인 멘데스(Mendes, 1992)의 보고와 인도의 이례적인 노조활동가·부족활동가 니오기(Shankar Guha Nyogi)에 대해 보고하는 린(Lin, 1992)을 참조하시오. 이 두 사람이 자신의 용기와 풍부한 전망 및 상상력으로 인해 피살되었다는 사실을 지적해야 한다.

적인 정의 5와 8의 적합성도 마찬가지다. 정의 5는 젠더 관계를 포함하는 모든 사회적 관계의 변혁에 대해 언급한다. 그리고 정의 8은 노동자 자신에 대해 또 노조 내부에서 제기되는 새로운 사회적 문제를 해결할 필요성에 대해 언급한다. 노조주의를 풍부하게 만들 가능성, 다른 인민적 문제와 관련하여 다른 민주화세력과 동맹을 형성할 가능성은 상당히 큰 것 같다. 이런 일이 남아공에서 발생했다는 것도 또한 고무적인데, 여기서 오래된 사회주의적 이데올로기는 노동자조직의 과제가 자본가의 식탁에서 빵 부스러기나 얻어먹든지 아니면 국가권력을 장악하는 것으로 국한된다고 간주한다. 또 전통적인 사회주의적 담론은 노동자조직이 사회주의 아니면 민족주의라는 경쟁하는 두 가지 일차적 목적을 갖는다고 간주한다. 노동자운동이 점점 더 인정하는 것처럼, 우리는 사회주의도 민족주의도 (물론 자본주의도) 노동자, 인민, 인민들을 해방시킬 수 없음을 알게 되었다. 어쩌면 사회운동노조주의가 대안적인 세계적 프로젝트, 지속적으로 쇄신가능한 프로젝트를 제시하는 것은 아닐까?**)

**) 필리핀/네덜란드의 에브로(Tina Ebro), 남아공/오스트레일리아의 램버트(Rob Lambert), 페루/프랑스의 쉴몽(Denis Sulmont), 미국/네덜란드의 십스(Kim Scipes), 프랑스/네덜란드의 루세(Pierre Rousset), 폴란드/미국의 슬라이퍼(Henryk Szlajfer), 영국/네덜란드의 포스트(Ken Post), 인도/네덜란드의 차치(Amrita Chhachhi), 미국/나이지리아/네덜란드의 피틴(Renee Pittin), 영국의 켈리(John Kelly)에게 그들의 영감, 자극, 격려, 비판에 감사하면서 이 논문을 헌정한다. 그들에게 공통적인 이중적 또는 초민족적 경험이 이 논문과 일정한 관계를 갖는다는 것은 분명하다. 물론 그 관련을 구체적으로 설명하는 것은 별도의 논문을 필요로 할 것이다.

[워터먼(Waterman, 1999b)에 의하면, 그 자신은 1936년 런던의 유다인 공산주의자 가족에서 태어났다. 1951년에 공산주의청년동맹에 가입하고, 1950년대 중반과 1960년대 중반에 두 차례에 걸쳐 프라하에서 국제공산주의조직에서 활동한 바 있는 그는 1968년 소련의 체코슬로바키아 침공 이후 국제공산주의운동을 떠나 헤이그 사회연구소의 선임강사로 근무하면서 세계노동자연대를 위한 국제네트워크에서 활동했다.]

참고문헌***)

Alperin, Davida (1990), "Social Diversity and the Necessity of Alliances: A Developing Feminist Perspective", in L. Albrecht & R. Brewer, eds., *Bridges of Power: Women's Multicultural Alliances*, New Society Publishers, 23-33.

Aronowitz, Stanley (1988), "Postmodernism and Politics", in A. Ross, ed., *Universal Abandon? The Politics of Postmodernism*, Edinburgh University Press, 46-62.

Arrighi, Giovanni (1990), "Marxist Century, American Century: The Making and Remaking of the World Labour Movement", in S. Amin, G. Arrighi, A. G. Frank, & I. Wallerstein, *Transforming the Revolution: Social Movements and the World-System*, Monthly Review Press, 54-95 (국역: 『몰락 이후』, 창작과비평사, 1994).

Arthur, Chris, ed. (1970), *Karl Marx and Frederick Engels: The German Ideology, Part 1*, Lawrence & Wishart.

[Barchiesi, Frank (1996), "South Africa in Transition: Scenarios Facing Organized Labor", *Critical Sociology*, No. 3, 79-112.]

Bayat, Assef (1991), *Work, Politics and Power: An International Perspective on Workers' Control and Self-Management*, Monthly Review Press.

Bird, Adrienne & Schreiner, Geoff (1992), "COSATU at the Cross-roads: Towards Tripartite Corporatism or Democratic Socialism?", *South African Labour Bulletin*, Aug., 22-32.

Brecher, Jeremy & Costello, Tim (1990a), "A Worldwide Social Charter?", *Z Magazine*, Jan., 122-6.

***) Waterman (1997, 1999a)에서 보충되는 문헌과 몇 가지 추가적인 자료는 [ ]으로 표기한다. 최근의 논쟁은 Waterman (2004)을 참조하시오.

________ & ________ (1990b), "The Great Time Squeeze", *Z Magazine*, Oct., 102-7.

________ & ________, eds. (1990c), *Building Bridges: The Emerging Grassroots Coalition of Labour and Community*, Monthly Review Press.

________ & ________ (1991), *Global Village vs. Global Pillage: A One-World Strategy for Labor*, International Labor Rights Education and Research Fund. [2nd ed., *Global Village or Global Pillage: Economic Reconstruction from the Bottom up*, South End Press, 1994]

[________, Childs, John & Cutler, Jill, eds., (1993), *Global Visions: Beyond the New World Order*, South End Press.]

Castells, Manuel (1983), *The City and the Grassroots: A Cross-Cultural Theory of Urban Social Movements*, Edward Arnold.

Chhachhi, Amrita & Pittin, Renee (1991), "Multiple Identities, Multiple Strategies: Confronting State, Capital and Patriarchy", unpublished paper delivered at the Workshop on Women Organising in the Process of Industrialisation, Institute of Social Studies, The Hague, 15-26 April. [Published later as A. Chhachhi & R. Pittin, eds., *Confronting State, Capital and Patriarchy: Women Organising in the Process of Industrialisation*, Macmillan, 1996.]

[Collins, Deanne & Ray, Malcolm (1997), "The September Commission: Confronting the Future", *South African Labour Bulletin*, Oct., 11-5.]

Confederation of Japanese Automobile Workers' Unions (1992), *Japanese Automobile Industry in the Future: Toward Coexistence with the World, Consumers and Employees*, Confederation of Japanese Automobile Workers' Unions.

[David, Natascha (1997a), "When Mice Attack Elephants…", *Trade Union World*, Oct., 6-7.]

[________ (1997b), "'Cybe-pros' and 'Cyber-proles'", *Trade Union World*, Oct., 8-9.]

Demartino, George (1991), "Trade Union Isolation and the Catechism of the Left", *Rethinking Marxism*, Fall, 29-51.

[Drainville, Andre (forthcoming), "Left Internationalism and the Politics of Resistance in the New World Order", in J. Borocz & D. Smith, eds., *A New World Order? Global Transformations in the Late Twentieth Century*, Greenwood Press.]

Ecumenical Institute for Labour Education and Research (1988), *GTU: Course on Genuine Trade Unionism*, Ecumenical Institute for Labour Education and Research (국역: 만민사, 1989).

[Eisenstein, Zillah (1996), "Women's Politics and the Search for New Democracies", unpublished paper delivered at the Conference on Women, Citizenship and Difference, University of Greenwich, 16-18 July.]

Evers, Tilman (1985), "Identity: The Hidden Side of New Social Movements in Latin America", in D. Slater, ed., *New Social Movements and the State in Latin America*, Foris, 43-72.

Fishman, Robert (1988), "Labour in Democratic Spain", unpublished paper delivered at the Kellog Institute Conference on Labor and Redemocratization, University of Notre Dame, 26-28 April.

Flacks, Dick (1991), "Making History and Making Theory: Notes on How Intellectuals Seek Relevance", in C. Lemert, ed., *Intellectuals and Politics: Social Theory in a Changing World*, Sage, 3-18.

Freyhold, Michaela von (1987), "Labour Movements or Popular Struggles in Africa", *Review of African Political Economy*, Sept.,

23-32.
Gandhi, Nandita (1991), "Purple and Red Banners: Joint Strategies for Women Workers in the Informal Sector", unpublished paper delivered at the Workshop on Women Organising in the Process of Industrialisation, Institute of Social Studies, The Hague, 15-26 April.
[Gelb, Stephen & Webster, Eddie (1996), "Jobs and Equity: The Social Democratic Challenge", *South African Labour Bulletin*, No. 3, 73-8.]
[General Workers Union (1997), "A New Global Agenda: Visions and Strategies for the 21st Century", SiD's Global Labour Summit, Copenhagen, 31 May-1 June, http://summit.sid.dk.]
Giddens, Anthony (1990), *The Consequences of Modernity*, Polity Press.
Gorz, Andre (1989), "Summary for Trade Unionists and Other Left Activitists", in *Critique of Economic Reason*, Verso.
[Guzman, Virginia & Mauro, Amalia (1996), "Redes sociales y participacion ciudadania", unpublished paper delivered at the Seminar on Mujeres, Cultura Civica y Democracia, Mexico D.F., 8-12 July.]
Harding, Sandra (1992), "Subjectivity, Experience and Knowledge: An Epistemology from/for Rainbow Coalition Politics", *Development and Change*, July (special issue on 'Emancipations, Modern and Postmodern'), 175-94.
Harvey, David (1989), *The Condition of Postmodernity*, Blackwell (국역: 한울, 2005).
Hensman, Rohini (1991), "Urban Working-Class Women: The Need for Autonomy", unpublished paper delivered at the Workshop on Women Organising in the Process of Industrialisation, Institute

of Social Studies, The Hague, 15-26 April.

[Holdt, Karl von (1997), "The September Commission Report", *South African Labour Bulletin*, Oct., 6-10.]

Hyman, Richard (1971), *Marxism and the Sociology of Trade Unionism*, Pluto (국역: 미래사, 1986) [하이먼의 최근작은 *Understanding European Trade Unionism: Between Market, Class and Society*, Sage, 2001이다.]

[________ (1999), "Five Alternatives for West European Unionism", in R. Munck and P. Waterman, eds., *Labour Worldwide in the Era of Globalization: Alternative Union Models in the New World Order*, Macmillan, http://www.antenna.nl/~waterman/dialogue.html (국역: 문화과학사, 2000).]

Karmel, Rachael (1990), *The Global Factory: Analysis and Action for a New Economic Era*, American Friends Service Committee.

Kelly, John (1988), *Trade Unions and Socialist Politics*, Verso. [이 책의 후속작은 *Rethinking Industrial Relations: Mobilization, Collectivism and Long Waves*, Routledge, 1998이다.]

[Kinsman, Gary (1997), "The First CLC Conference on Lesbians, Gays and Bisexuals", labor-l@yorku.ca.]

Klugman, Barbara (1989), "Women Workers in the Unions", *South African Labour Bulletin*, Oct., 13-36.

[LaborMedia (1997), "Seoul Information [International] Labormedia '97", LaborMedia '97 Conference, Seoul, 10-12 Nov.]

Laclau, Ernesto & Mouffe, Chantal (1981), "Socialist Strategy: Where Next?", *Marxism Today*, Jan., 17-22.

[________ & ________ (1985), *Hegemony and Socialist Strategy: Towards a Radical Democratic Politics*, Verso (국역: 터, 1990).]

Lambert, Rob (1988), "Political Unionism in South Africa: The South African Congress of Trade Unions 1955-65", unpublished

Ph.D. diss., Faculty of Arts, Witwatersrand University.

_________ (1989), "Social Movement Unionism: The Urgent Task of Definition (Comments of Peter Waterman's Brief Note on Social Movement Unionism)", unpublished paper delivered at the Department of Social Anthropology, University of Western Australia.

_________ (1992), "Constructing the New Internationalism: Australian Trade Unions and the Indian Ocean Regional Initiative", *South African Labour Bulletin*, No. 5, 66-73.

_________ & Webster, Eddie (1988), "The Re-emergence of Political Unionism in Contemporary South Africa?", in W. Cobbett & R. Cohen, eds., *Popular Struggles in South Africa*, James Currey, 20-41.

[Lee, Eric (1996), *Labour and the Internet: The New Internationalism*, Pluto (국역: 한울, 1998).]

Lenin, Vladimir (1970), "What Is to Be Done?", in *On Trade Unionism*, Progress Publishers, 68-142.

_________ (1976), "Two Tactics of Social Democracy in the Democratic Revolution", in *Alliance of the Working Class and the Peasantry*, Progress Publishers, 104-20.

Lovell, David (1988), *Marx's Proletariat: The Making of a Myth*, Routledge.

MacShane, Denis (1992a), "Japanese Car Empire Is Attacked by Its Exhausted Workforce", *The Guardian*, 1 June.

_________ (1992b), "The New International Working Class and Its Organisations", *New Politics*, No. 1, 134-49.

Mann, Eric (1987), *Taking on General Motors: A Case Study of the UAW Campaign to Keep GM Van Nuys Open*, Institute of Industrial Relations, UCLA.

Mathews, John (1989), *Age of Democracy: The Politics of Post-Fordism*, Oxford University Press.

[Melchiori, Paola (1996), "Messages from Huariou: For a Redefinition of the Spaces of Politics", unpublished paper delivered for Course on NGOs and Social Movements, El Taller (Tunisia), 20 May - 13 July.]

Melucci, Alberto (1989), *Nomads of the Present: Social Movements and Individual Needs in Contemporary Society*, Hutchinson.

[Michels, Robert (1959), *Political Parties: A Sociological Study of the Oligarchical Tendencies of Modern Democracy*, Dover.]

Mineiro, Adhemar & Ferreira Sergio (1992), "Congress of CUT-B: New Challenges Bring Out Deep Divisions", *South African Labour Bulletin*, Jan., 78-81.

[Moody, Kim (1997a), "Towards an International Social-Movement Unionism", *New Left Review*, Sept., 52-72.]

[________ (1997b), *Workers in a Lean World: Unions in the International Economy*, Verso (국역: 문화과학사, 1999).]

Munck, Ronaldo (1988), *The New International Labour Studies: An Introduction*, Zed Press.

[Munck, Ronaldo & Waterman, Peter, eds. (1999), *Labor Worldwide in the Era of Globalization: Alternative Union Models in the New World Order*, Macmillan, http://www.antenna.nl/~waterman/dialogue.html (국역: 문화과학사, 2000).]

Obery, Ingrid (1989), "COSATU Women: Challenging Sexual Exploitation", *Work in Progress*, No. 61, 30-3.

Olea, Cecilia (1991), "Feminist Training's Contribution to the Democratisation of Labour Unions", unpublished paper delivered at the Workshop on Women Organising in the Process of Industrialisation, Institute of Social Studies, The Hague, 15-26 April.

Parodi, Jorge (1986), *'Ser Obrero es algo relativo…': Obreros, clasismo y politica*, Instituto de Estudios Peruanos.
Pheterson, Gail (1990), "Alliances between Women: Overcoming Internalised Oppression and Internalised Domination", in L. Albrecht & R. Brewer, eds., *Bridges of Power: Women's Multicultural Alliances*, New Society Publishers, 34-48.
Poster, Mark (1990), "Introduction: Words without Things", in *The Mode of Information: Poststructuralism and Social Context*, Polity Press, 1-20.
Ramalho, Jose (1992), "Democratic Socialism: New Path for Workers' Party in Brazil", *South African Labour Bulletin*, No. 3, 72-8.
Rohini [Hensman], P., Gothoskar, S. & Chaturvedi, N. (1982), *'My Life Is One Long Struggle': Women, Work, Organisation and Struggle*, Pratishabd.
Scipes, Kim (1992), "Social Movement Unionism and the Kilusang Mayo Uno [KMU]", *Kasarinlan: A Philippine Quarterly of Third World Studies*, Nos. 2-3, 121-62.
Silverstein, Ken & Sader, Emil (1991), *Without Fear of Being Happy: Lula, the Workers' Party and Brazil*, Verso (국역: 금강, 1994; 책갈피, 2002).
Slater, David, ed. (1985), *New Social Movements and the State in Latin America*, Foris.
South African Labour Bulletin (1991), "Towards a New Internationalism?", *South African Labour Bulletin*, April, 12-43 (special section).
Spyropolous, Georges (1991), *Sindicalismo y sociedad: Problemas actuales del sindicalismo en el mundo*, Humanitas.
Staniszkis, Jadwiga (1989), "The Obsolescence of Solidarity", *Telos*, Summer, 37-50.
Sulmont, Denis (1988), *Deuda y trabajadores: Un reto para la*

Solidaridad, ADEC/ATC.

Sweeny, Shaun (1990), "Labour Imperialism or Democratic Internationalism? U.S. Trade Unions and the Conflict in El Salvador and Nicaragua, 1981-1989", unpublished Ph.D. diss., University of Bath.

[Unger, Roberto Mangabeira (1995), "The 3rd of October 1994 and the Future of Brazil's Workers' Party (PT)", *Constellations*, No. 2, 224-41.]

[Vargas, Virginia (1996), "Reflections on a Post-Beijing Agenda", unpublished paper delivered at the Conference on Women, Citizenship and Difference, University of Greenwich, 16-18 July.]

Waterman, Peter (1991a), "Social Movement Unionism: Beyond Economic and Political Unionism", *Working Paper*, No. 18, International Institute for Research and Education.

________ (1991b), "The Impossible Past and Possible Future of Emancipation on a World Scale", unpublished paper delivered at the Institute of Social Studies, The Hague.

________ (1991c), "A New Labour Internationalism: What Content and What Form?", *South African Labour Bulletin*, Oct.-Nov., 69-75.

________ (1992), "International Labour Communication by Computer: The Fifth International?", *Working Paper*, No. 129, Institute of Social Studies, The Hague.

[________ (1995), "New 'Social Unionism': A Model for the Future?", *South African Labour Bulletin*, No. 5, 69-76.]

[________ (1996a), "Globalisation, Civil Society, and Solidarity", in A. Sreberny-Mohammadi & S. Braman, eds., *Globalisation, Communication and Transnational Civil Society*, Hampton Press, 37-61.]

[________ (1996b), "The Newest International Labour Studies: Fit for the New World Order?", *Working Paper*, No. 217, Institute of Social Studies, The Hague.]

[________ (1997), "Needed: A New Language to Contribute to a New 'International Social-Movement Unionism'"(critique of Moody, 1997a; 1997b), April, http://www.antenna.nl/~waterman/dialogue.html.]

[________ (1999a), "The New Social Unionism: A New Union Model for a New World Order", in R. Munck and P. Waterman, eds., *Labor Worldwide in the Era of Globalization: Alternative Union Models in the New World Order*, Macmillan, 1999, http://www.antenna.nl/~waterman/dialogue.html (국역: 문화과학사, 2000).]

[________ (1999b), *From Labour Internationalism to Global Solidarity: Social Movements, Globalisation and the New Internationalisms*, Cassell, http://www.antenna.nl/~waterman/dialogue.html.]

[________ (2002), "Harmanizing the Workers of the World: Re-asserting a 'Classical and Simple' Working Class in the Face of a Complex Global Justice and Solidarity Movement"(critique of Chris Harman), htp://www.nu.ac.za/ccs/default.asp?3,28,11,491.]

[________ (2003), "Vanguard Party Fails the Test of Trust: The Socialist Workers Party and the World Social Forum 2003" (critique of Alex Callinicos), Hegemonising resistance wsf 230203, http://pssp.jinbo.net/bbs/data/document/20030611194923/pw250403.doc.]

[________ (2004), "Adventures of Emancipatory Labour Strategy as the New Global Movement Challenges International Unionism", *Journal of World-Systems Research*, Winter, http://jwsr.ucr.edu/ (국역: 『사회진보연대』, 2005년 1-2월, 3-4월).]

Webster, Eddie (1987), "The Rise of Social-Movement Unionism: The Two Faces of the Black Trade Union Movement in South

Africa", unpublished paper delivered at the Sociology Department, Witwatersrand University.

________ (1991), "Rethinking Socialism"(review of Bayat, 1991), *South African Labour Bulletin*, April, 79-83.

Witt, Matt (1990), "Mexico Must Be a Priority for U.S. Labour Activists", *Labour Notes*, March.

Wozniak, Lynne (1988), "From Desencanto to Desmadre: Working-Class Protest and Industrial Modernization in Spain", unpublished paper delivered at the Kellog Institute Conference on Labor and Redemocratization, University of Notre Dame, 26-28 April.

Yepez, Isabel (1991), "Sindicalizacion y precarización del empleo en el Perú", unpublished paper delivered at the Seminar on Restructuring and Industrial Regulation of the Labour Market in Latin America, International Institute of Labour Studies (IILS), ILO, 2-5 July.

'과천연구실 세미나' 개관

I. 일반화된 마르크스주의와 성적 차이의 페미니즘

윤소영, 『마르크스주의의 전화와 '인권의 정치': 알튀세르를 위하여』, 과천연구실 세미나 1, 문화과학사, 1995; 『마르크스의 '경제학 비판'』, 과천연구실 세미나 15, 공감, 2001; 『마르크스의 '경제학 비판'과 소련 사회주의』, 과천연구실 세미나 16, 공감, 2002; 『마르크스의 '경제학 비판'과 평의회 마르크스주의』, 과천연구실 세미나 18, 공감, 2003; 『마르크스의 '경제학 비판'과 대안세계화 운동』, 과천연구실 세미나 20, 공감, 2003.

윤소영, 『알튀세르를 위한 강의: '마르크스주의의 일반화'를 위하여』, 과천연구실 세미나 3, 공감, 1996; 『일반화된 마르크스주의 개론』, 과천연구실 세미나 28, 공감, 2006; 『역사적 마르크스주의: 이념과 운동』, 과천연구실 세미나 22, 공감, 2004; 권현정, 『마르크스주의 페미니즘의 현재성』, 과천연구실 세미나 17, 공감, 2002; 권현정 외, 『페미니즘 역사의 재구성: 가족과 성욕을 둘러싼 쟁점들』, 과천연구실 세미나 19, 공감, 2003.

에티엔 발리바르, 『마르크스의 철학, 마르크스의 정치』, 과천연구실 세미나 2, 문화과학사, 1995; 에티엔 발리바르·피에르 마슈레, 『스피노자의 철학, 스피노자의 정치』 (윤소영, 『알튀세르의 현재성: 마르크스, 프로이트, 스피노자』, 과천연구실 세미나 5, 공감, 1996에 실림); 에티엔 발리바르 외, 『'인권의 정치'와 성적 차이』, 과천연구실 세미나 21, 공감, 2003; 뤼스 이리가레 외, 『성적 차이와 페미니즘』, 과천연구실 세미나 8, 공감, 1997.

윤소영, 「발리바르의 『마르크스의 철학』에 관하여」 (윤소영, 『알튀세르를 위한 강의: '마르크스주의의 일반화'를 위하여』, 과천연구실 세미나 3, 공감, 1996에 실림); 「알튀세르와 라캉: 마르크스주의 전화를 위한 쟁점들」 (루이 알튀세르 외, 『알튀세르와 라캉: '프로이트-마르크스주의'를 넘어서』, 과천연구실 세미나 4, 공감, 1996에 실림); 「뤼스 이리가레의 '성적 차이의 윤리'」 (윤소영, 『마르크스주의의 전화와 '인권의 정치': 알튀세르를 위하여』, 과천연구실 세미나 1, 문화과학사, 1995에 실림); 「데리다의 『마르크스의 유령들』에 관한 단상들」 (윤소영, 『알튀세르를 위한 강의: '마르크스주의의 일반화'를 위하여』, 과천연구실 세미나 3, 공감, 1996에 실림); 「스피노자-마르크스주의와 포스트구조주의 비판」 (메이너드 솔로몬 외, 『베토벤: '윤리적 미' 또는 '승화된 에로스'』, 공감, 1997에 실림).

윤소영, 『알튀세르의 현재성: 마르크스, 프로이트, 스피노자』, 과천연구실 세미나 5, 공감, 1996.

에티엔 발리바르, 『마르크스의 철학, 마르크스의 정치』, 과천연구실 세미나 2, 문화과학사, 1995; 에티엔 발리바르·피에르 마슈레, 『스피노자의 철학, 스피노자의 정치』 (윤소영, 『알튀세르의 현재성: 마르크스, 프로이트, 스피노자』, 과천연구실 세미나 5, 공감, 1996에 실림); 메이너드 솔로몬 외, 『베토벤: '윤리적 미' 또는 '승화된 에로스'』, 공감, 1997; 루이 알튀세르 외, 『알튀세르와 라캉: '프로이트-마르크스주의'를 넘어서』, 과천연구실 세미나 4, 공감, 1996; 뤼스 이리가레 외, 『성적 차이와 페미니즘』, 과천연구실 세미나 8, 공감, 1997; 에티엔 발리바르 외, 『'인권의 정치'와 성적 차이』, 과천연구실 세미나 21, 공감, 2003.

III. 신자유주의 비판

윤소영, 「쉬잔 드 브뤼노프의 신자유주의 비판」 및 「뤼스 이리가레의 '성적 차이의 윤리'」 (윤소영, 『마르크스주의의 전화와 '인권의 정치': 알튀세르를 위하여』, 과천연구실 세미나 1, 문화과학사, 1995에 실림); 『일반화된 마르크스주의와 역사적 자본주의 분석』, 과천연구실 세미나 6, 공감, 1998; 『이윤율의 경제학: 헨릭 그로스만(1881-1950)을 위하여』 (『이윤율의 경제학과 신자유주의 비판』, 과천연구실 세미나 13, 공감, 2001에 실림); 『마르크스의 '경제학 비판'』, 과천연구실 세미나 15, 공감, 2001.

윤소영, 「브뤼노프의 신자유주의 비판」 및 「이리가레의 '성적 차이의 윤리'」 (윤소영, 『알튀세르를 위한 강의: '마르크스주의의 일반화'를 위하여』, 과천연구실 세미나 3, 공감, 1996에 실림); 『신자유주의적 '금융 세계화'와 '워싱턴 콘센서스': 마르크스적 비판의 쟁점들』, 과천연구실 세미나 11, 공감, 1999; 『신자유주의 비판』 (『이윤율의 경제학과 신자유주의 비판』, 과천연구실 세미나 13, 공감, 2001에 실림); 『일반화된 마르크스주의 개론』, 과천연구실 세미나 28, 공감, 2006; 김석진 외, 『자본주의의 위기와 역사적 마르크스주의』, 과천연구실 세미나 14, 공감, 2001; 이미경, 『신자유주의적 '반격' 하에서 핵가족과 '가족의 위기': 페미니즘적 비판의 쟁점들』, 과천연구실 세미나 12, 공감, 1999.

장 로블랭 외, 『세계화와 신자유주의 비판을 위하여』, 과천연구실 세미나 7, 공감, 1997; 조반니 아리기 외, 『발전주의 비판에서 신자유주의 비판으로: 세계체계론의 시각』, 과천연구실 세미나 9, 공감, 1998; 다이앤 엘슨 외, 『발전주의 비판에서 신자유주의 비판으로: 페미니즘의 시각』, 과천연구실 세미나 10, 공감, 1998; 에티엔 발리바르 외, 『'인권의 정치'와 성적 차이』, 과천연구실 세미나 21, 공감, 2003.